공부나이

공부나이

초판 1쇄 인쇄 | 2014년 3월 12일
초판 1쇄 발행 | 2014년 3월 19일

지은이 | 이병훈 · 장윤정 · 정하영
펴낸이 | 박영욱
펴낸곳 | (주)북오션

경영총괄 | 정희숙
편집 | 이준호 · 지태진
마케팅 | 최석진 · 김태훈
디자인 | 서정희

주 소 | 서울시 마포구 월드컵로 14길 62
이메일 | bookrose@naver.com
페이스북 | bookocean
전 화 | 편집문의: 02-325-9172   영업문의: 02-322-6709
팩 스 | 02-3143-3964

출판신고번호 | 제313-2007-000197호

ISBN 978-89-6799-040-4 (13370)

*이 도서의 국립중앙도서관 출판시도서목록(CIP)은 e-CIP홈페이지(http://www.nl.go.kr/ecip)와
 국가자료공동목록시스템(http://www.nl.go.kr/kolisnet)에서 이용하실 수 있습니다.
 (CIP제어번호: CIP 2014004182)

공부 나이

이병훈 외 지음

북오션

각종 '나이' 전성시대, 공부에도 나이가 있다

요즘 곳곳에서 '나이' 열풍이 거세다. 신체 나이, 내장 나이, 피부 나이, 건강 나이, 정신 나이, 연애 나이 등 온갖 나이가 유행이다. 아마도 이는 물리적 나이에 비해 자신이 얼마나 젊거나 늙었는지 알고 싶은 욕구 때문일 것이다. 또 이는 단지 타인과 비교하기 위한 욕구라기보다는 자기 자신을 평가하고 이를 바탕으로 더 나은 삶을 도모하려는 욕구라고 봐야 옳을 것이다. 쉽게 말해 긍정적인 자기발전 욕구로 볼 수 있다는 것이다. 더욱이 자신의 나이에 비해 무언가 넘치거나 부족하다고 판단될 때, 이에 맞는 진단과 처방을 제공할 수 있다는 점에서 순기능을 한다. 내장 나이나 신체 나이가 실제 나이보다 너무 노화됐다고 판명된다면 이를 개선할 수 있는 운동법이나 식이요법을 제공할 수 있고, 피부 나이에 문제가 있다면 이에 적합한 관리법이나 보조제를 추천할 수 있다.

필자는 이렇듯 온갖 부문에서 나이 열풍이 부는 것을 지켜보다가 문득

예전부터 품어온 생각이 떠올랐다. '공부에도 나이가 있지 않을까?' 선행학습 광풍 속에서 8년 전부터 끊임없이 든 생각이 바로 '공부 나이'였다. '과연 학생들은 자신이 배운 것만큼 혹은 제 나이에 걸맞은 실력을 갖추고 있을까?' 필자의 궁금증은 이 질문에서 시작됐다. 만약 신체 나이처럼 공부 나이를 측정할 수 있고 이를 통해 제대로 된 처방을 내릴 수 있다면 공부법에 획기적인 전환을 일으킬 수 있지 않을까 생각했다. 만약 자신의 실제 공부 나이는 현재 학년보다 뒤떨어져 있어 기초부터 다시 다져야 하는데, 친구 따라 강남 가듯 무작정 선행학습을 하면 어떻게 될까? 이는 기초체력이 부족해 가벼운 러닝부터 시작해야 하는데, 풀타임 구기 종목을 뛰거나 마라톤에 도전하려는 것과 같은 꼴이 된다.

필자는 이후 그에 대한 답을 구하고자 관련 자료를 찾고 공부해봤지만 딱히 이렇다 할 성과를 얻을 수 없었다. 기존에는 '공부 나이'라는 주제로 연구된 결과물이 없었던 것이다. 그래서 아예 이 주제를 새롭게 연구해보자는 생각으로 오랜 시간 동안 관련 분야 학자들과 교육 프로그램 개발자들의 자문을 구해왔다. 그리고 마침내 '공부 나이'를 측정하는 지표를 만들고, 과목별로 학생들이 스스로 공부 나이를 평가해볼 수 있는 프로그램을 만들었다. 이후 수많은 테스트를 거쳐 이 프로그램의 신뢰도와 타당성을 확보했다. 8년의 고민이 결실을 맺는 순간이었다. 또한 공부 나이 진단에서 그치지 않고 지난 10년간의 학습 매니지먼트 및 개별 지도 서비스를 통해 누적해온 노하우, 관리법, 공부법 등을 집대성해 개별 공부 나이에 맞춘 처방을 제공하기로 했다.

개별 학생의 공부 나이 진단, 그에 따른 강점과 약점 분석, 유형별 맞춤 공부법과 교재 및 강의를 제공하자 학생들에게 주목할 만한 성과들이 나타나기 시작했고, 학생들도 추상적인 지도 대신 '공부 나이'라는 객관적이고 합리적인 분석 결과를 바탕으로 맞춤 지도를 하자 공부법에 신뢰를 갖기 시작했다.

필자 개인의 호기심에서 시작한 '공부 나이' 개념이 학생들에게 실제로 유의미한 진단 결과를 제공했을 뿐 아니라 이에 맞춰 '선행-심화-후행' 학습법을 선택할 수 있게 만들어줬다. 한마디로 개별 학생의 특성을 정확하게 진단하고 처방하는 최첨단 프로그램이 완성된 것이다.

그 후 필자가 이 책을 쓴 이유는 간단하다. '공부 나이'의 핵심 개념과 진단법을 모두에게 알려줌으로써 학생들이 스스로 학습 상황을 파악해 자신에게 맞는 공부법을 적용할 수 있도록 해주기 위해서다. 따라서 국어, 영어, 수학 과목별로 공부 나이를 어떻게 진단하고 처방해야 하는지 구체적인 예시를 들어가며 실질적으로 도움이 될 수 있게 기술했다. 학부모나 교사, 그리고 학생이 함께 이 책을 활용한다면 효과적인 학습능력 향상을 기대할 수 있을 것이다. 또한 더욱 중요한 것은 자신에게 맞는 공부 단계와 방법을 알 수 있게 되리라는 점이다. 중하위권의 경우 무작정 상위권만 따라 하는 선행학습에서 자유로워질 수 있을 것이며, 상위권의 경우 실제로는 더욱 빨리 진도를 나갈 수 있는데도 너무 무리하는 것 아닌가 하며 우물쭈물할 필요가 없어질 것이다. 다시 말해 자신의 '진짜 공부 나이'를 알게 됨으로써 앞으로는 더 이상 뭘 어찌해야 할지 모르겠다며 혼란스러워할 필요 없이 명확하게 자신만의 공부를 할 수 있게 될 것이다.

　　그리고 이 책 뒷부분에 '공부 나이 간이 검사' 도구를 실었다. 연구소에서 개발한 프로그램을 적용해야 가장 정확하겠지만 간이 검사만으로도 어느 정도 자신의 공부 나이를 가늠해볼 수 있을 것이다. 또한 국어, 영어, 수학 공부 나이의 진단과 처방을 제시하는 각 장에서는 과목별로 공부 나이를 어떻게 진단할 수 있는지 설명하고, 그에 따라 실질적으로 어떤 처방을 내려야 하는지도 자세히 기술했다. 아무쪼록 이 책이 자녀의 공부 나이를 가늠해보고 그에 따른 구체적이고 실질적인 전략을 수립하는 데 도움이 되기를 바란다.

　　이 책이 나오기까지 공동 집필하며 여러모로 조언해준 이병훈교육연구소의 장윤정 수석연구원님, 에듀코치의 정하영 개발팀장님, 검사 프로그램을 개발하고 적용할 수 있도록 지원해주신 에듀코치 이학철 사장님께 감사의 말씀을 전한다. 집필 기간 동안 예민해지는 습관을 언제나 너그럽게 이해해주는 아내, 많이 놀아주지 못해서 늘 미안한 귀염둥이 아들 서진에게도 감사의 마음을 전한다.

Chapter 2 영어 나이

Chapter 3 수학 나이

공부 나이란 무엇인가

아빠는 신체 나이, 엄마는 피부 나이, 아이는 공부 나이

생물학적인 나이는 매년 한 살씩 늘어난다. 따라서 같은 해에 태어난 사람 둘이 있다면 올해에도 내년에도 같은 나이로 취급받을 것이다. 하지만 몸의 상태를 속속들이 들여다보면 과연 같을까? 생물학적인 나이가 같다고 해서 신체 나이도 같은 건 아니다. 잦은 음주에 아랫배까지 불룩하게 나온 아빠와 날마다 운동을 해 날렵한 근육을 자랑하는 헬스 트레이너는 같은 해에 태어났어도 몸의 상태가 다를 것이다. 이런 게 바로 신체 나이다.

그러면 엄마는 어떤가? 엄마들의 주된 관심사 중 하나는 피부 나이다. 같은 나이인데도 어떤 이는 여전히 탱탱한 피부를 자랑하며 동안이란 애길 들을 것이고, 또 다른 이는 온갖 풍상을 겪은 것처럼 피부가 거칠어져 나이 들어 보인다는 소릴 들을 것이다. 실제로 고생을 많이 했느냐 아니냐에 따라 달라질 수도 있겠지만, 많은 경우에는 생활 패턴과 스트레스 관리법에 따라 피부 상태가 달라진다.

그렇다면 주제를 바꿔서, 이와 같은 나이 개념을 공부에 한번 적용해 보자. 무슨 소리냐고? 생물학적인 나이는 마흔인 아빠가 속을 들여다보니 신체 나이는 마흔여섯일 수도 있고 반대로 서른다섯일 수도 있듯이, 실제 나이는 중학교 2학년인 아이의 공부 상황을 들여다보니 현재보다 더 높은 수준을 공부해야 할 수도 있고 반대로 기초 수준부터 다시 공부해야 할 수도 있다는 것이다. 생물학적으로는 중학교 2학년 나이인데, 공부 나이는 천차만별이라는 얘기다. 속사정은 이러한데, 천편일률적인 방법으로 공부한다면 좋은 성과를 낼 리 만무하다.

지금 우리 아이는 자기 수준에 맞게 공부하고 있는 것일까? 사실을 말하자면 '아무도 모른다.' 부모는 물론이고 본인 역시 그저 학교 성적, 학교 교사, 학원 강사 등의 조언에 따라 '잘하고 있는 거야' 하며 자족하거나 '뭐가 문제일까' 하고 고민하는 경우가 대부분이다. 정확히 과목별로 우리 아이가 얼마나 해내고 있으며, 문제점이 있다면 무엇이고, 강점과 약점은 무엇인지 과학적으로 진단하는 경우는 거의 없다.

따라서 지금 우리 아이가 각 과목별로 몇 살 몇 학년 정도의 실력을 갖추고 있는지, 좀 더 구체적으로는 어떤 부분에서 능력을 발휘하거나 어려움을 겪고 있는지 알아볼 필요가 있다. 그것을 측정한 것이 바로 '공부 나이'다.

공부 나이는 크게 '진도 나이'와 '실력 나이'로 나뉜다. 진도 나이는 기본적인 배경지식과 진도 나간 부분에 대한 숙지 상태를 보는 것이며, 실력 나이는 숙지한 내용을 실제로 활용·적용·응용할 수 있는지를 보는 것이다. 즉 보통 공부한 것을 '알고 있다'와 '할 수 있다'로 나눈다고 할 때, 진도 나이는 전자를 확인하는 것이고 실력 나이는 후자를 확인하는 것이라고 보면 된다.

아이들의 몸도 체격이 크다고 해서 체력까지 높은 것은 아닌 것처럼, 진도 나이가 높게 나왔다고 해서 실력 나이까지 높은지는 알 수 없다. 반대로 진도 나이가 낮게 나왔다 하더라도 실력 나이는 높게 나올 수 있다. 물론 공부 나이는 이 둘을 모두 고려해 종합적으로 결정한다.

진도 나이와 실력 나이를 종합적으로 측정해 처방하면 막연히 공부한 내용을 '알고 있다'는 느낌에만 머무는 것이 아니라 실제로 문제를 풀거나 시험을 볼 때 '할 수 있다'는 데까지 나아갈 수가 있다. 중요한 것은 무엇을 알고 있고, 무엇을 할 수 있는지를 판단하고 보완하는 일이다. 그렇게 할 때 보통 아이들의 고민, 즉 막상 공부하려 하면 '뭘 어떻게 해야 할지 모르겠다'는 고민을 해결할 수 있는 것이다. 자신의 현재 공부 수준이 자기 학년 대비 얼마나 되는지 알고 있는가? 이 질문에서 출발해보자. 이에 대한 답을 알게 되면, 어디서부터 뭘 어떻게 해야 할지 판단할 수 있기 때문이다. 이것이 바로 공부 나이를 측정해야 하는 이유다.

'알고 있다'와 '할 수 있다'의 차이

'알고 있다'는 것은 입력이 잘됐다는 뜻이고, '할 수 있다'는 것은 출력도 가능하다는 뜻이다. 좀 더 쉽게 말하자면 학습은 입력이고, 시험을 보는 것은 출력이다. 진도를 나감으로써 무언가를 배우면 일단 '알 수 있는 상태'가 된다. 이것이 진도 나이 개념이다. 이를 바탕으로 뭘 할 수 있는지는 일단 접어두고, 아는지 모르는지만 따지는 것이다. 앞에서도 말했듯이 우리 몸으로 치면 체격에 해당한다. 이에 비해 실력 나이는 아는 걸 바탕으로 실제 문제를 풀거나 설명할 수 있는 수준인가를 따지는 것이다. 즉 아는 걸 바탕으로 무얼 '할 수 있는지'를 나타낸다. 우리 몸으로 치면 체력에 해당한다. 체격이 커도 체력은 약할 수 있고, 체격이 작아도 체력은 강할 수 있다. 물론 둘 다 크고 강하거나 둘 다 작고 약할 수도 있다.

자, 그럼 위 개념을 바탕으로 '자신의 공부 나이'를 나타내는 경우의 수를 따져보자.

1) 진도 나이는 높고, 실력 나이는 낮은 경우

2) 진도 나이도 높고, 실력 나이도 높은 경우

3) 진도 나이는 낮고, 실력 나이는 높은 경우

4) 진도 나이도 낮고, 실력 나이도 낮은 경우

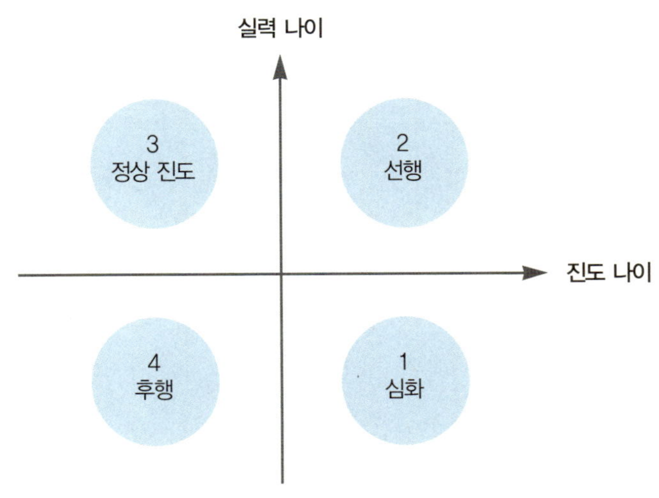

1)은 현재 배우고 있는 내용을 제대로 공부해야 한다. → 심화

2)는 현재 문제없이 잘해내고 있으므로 선행을 해도 된다. → 선행

3)은 우선 정상 진도를 따라잡는 것이 중요하다. → 정상 진도

4)는 이미 공부한 내용부터 차근차근 복습해야 한다. → 후행

다시 말하자면, 무작정 다른 사람 방식을 따라 하는 것이 아니라 위와 같은 진단 결과에 따라 자신에게 맞는 공부법을 채택해야 한다는 것이다. 그렇다면 요즘 학생들을 대상으로 진도 나이와 실력 나이를 측정하면 보통 어떤 결과가 나올까? 예상했겠지만, 이른바 '선행학습' 경쟁 탓에 진도 나이는 비교적 준수하게 나온다. 반면 실력 나이는 진도 나이에 걸맞지 않게 나오는 경우가 대부분이다. 좀 심하게 말하면 '헛공부' 하고 있는 셈이다. 배우기만 잔뜩 배웠지 그걸 갖고 막상 뭘 하지는 못하는 상태다. 덩치만 산만 하지 운동은 잘 못하는 상태라고 볼 수 있다. 이 책을 읽는 내내 기억하라. 진도 나이와 실력 나이의 조화야말로 공부 나이 향상의 기본이라는 것을 말이다.

선행학습만이 능사가 아니다

나이가 들수록 현재의 나도 중요하지만 미래의 내가 더 고민스럽기 마련이다. 그럼에도 사람들은 대개 익숙한 것에 머물러 있으려 한다. 즉 현재까지의 나에게 집착하면서 앞으로의 나는 외면하거나 두려워한다는 것이다. 편하고 익숙한 것에 집착하는 것은 어찌 보면 당연한 일이다. 하지만 진정 멋진 미래를 꿈꾼다면 지금 이 순간 준비하고 변화해야만 한다.

공부에도 비슷한 측면이 있다. 당장의 성적뿐 아니라 앞으로를 내다보며 공부해야 한다. 이런 특성은 학년이 올라갈수록 더욱 강해진다. 다시 말해 현재의 공부가 미래 상황에까지 영향을 미치는 강도가 학년을 거듭할수록 더욱 강해진다는 뜻이다. 그러므로 당장의 상황만 모면하려는 식의 공부는 학년이 올라갈수록 한계에 부딪힐 수밖에 없다.

그럼에도 대부분의 학생들은 앞으로 공부를 잘해 나가기 위해 현재를 고민하는 데까지 이르지 못한다. 그저 현재의 공부 결과에만 연연하며 '나는 괜찮겠지' 하고 자만하거나 '나는 안 돼' 하며 절망할 뿐이다. 이러다 보니 눈앞의 시험을 해결하는 데만 급급하고 '미래의 나'는 안중에도 없게 된다.

문제는 이런 방식으로 공부하다 고3이 되면 뒤늦게 한계를 절감하게 된다는 것이다. '수능'이라는 마지막 관문에 도달하면 과거의 내가 한 공부가 현재의 나를 좌우한다. 과거에 이미 지금의 나를 배려했던 학생이라면 고3이 오히려 좋은 기회가 되지만, 그렇지 않고 매 순간의 상황을 모면하는 데만 급급했던 학생이라면 고3은 커다란 위기로 다가온다.

무작정 외우고 문제만 풀어도 당장의 공부는 어느 정도 해결할 수 있다. 왜 그런지 따지지 않은 채 무조건 암기하고 정리하고 반복하는 것만으로도 통하는 내용과 수준일 때는 별문제가 없다. 나중에 다시 볼 일 없는 내용일 때도 문제가 없다. 그러나 지금의 공부가 미래에 어떤 방식으로든 다시 등장할 가능성이 있는 경우라면, 더 나아가 지금 배우는 내용이 더 높은 수준의 공부로 연계될 가능성이 있는 경우라면 얘기가 달라진다. 늘 왜 그렇게 되는지 이해하려 애쓰고, 찾아보고, 알아보고, 물어본 뒤 정확히 알게 됐을 때 비로소 정리하고, 암기하고, 문제를 풀어봐야 한다. 나중에 다시 빠르게 복습하고 이해하고 생각해낼 수 있도록 제대로 공부해야 한다. 또 어떻게 하면 단순히 암기하는 데 그치지 않고 자신의 지식으로 만들 수 있을까 고민해야 한다. 당장의 시험만 생각하면 귀찮고 불편한 일이겠지만, 그런 습관을 들일 때 비로소 공부의 꽃을 피울 수 있는 것이다. 필자는 이런 공부 습관을 들이는 것이야말로 '공부 나잇값'을 제대로 하는 것이라고 말하고 싶다.

그런데 여기서 하나 짚고 넘어갈 게 있다. 바로 '선행학습'이다. 이는 미래의 나에 대한 배려와 관심이 왜곡되거나 본질에서 벗어난 것이다. 예습 차원에서 미리 공부하면 나중에 복습도 되고 학습이 훨씬 수월해질 것이라는 기대 심리가 불러온 트렌드다. 하지만 무조건적인 선행은 단지 학교 진도보다 앞서 배운다는 것 외에는 아무런 의미가 없다. 특히 국어와 영어 같은 경우는 선행학습이라는 개념 자체가 다소 무의미하며, 문제되는 선행학습은 대부분 수학과목에서 발생한다.

선행은 오래전에도 있었겠지만, 사실 특목고라는 제도가 불러온 부작용으로 보는 것이 옳다. 특목고 출신들이 대학 입시에서 놀라운 성과를 거두자, 일반 학부모들도 특목고 아이들을 둔 학부모들의 조언에 귀를 기울일 수밖에 없게 된 것이다. 하지만 알아둬야 할 것은 특목고에 진학하는 상위권 아이들은 공부를 잘하기 때문에 선행을 할 필요가 있어진 것이지, 선행을 해서 공부를 잘하게 된 것이 아니라는 점이다. 그럼에도 학부모들은 그저 선행 덕분에 성적을 올리고, 특목고에 가고, 명문대에 진학하는 것이라고 믿어버린다. 그러다 보니 자기 아이에게 정말 필요한 공부가 무엇인지 알지 못한 채 무조건 학원에 보내 선행을 시키는 것이다. 과유불급이란 말이 있다. 무조건 앞서 나가는 것이 능사가 아니다. '공부 나이'를 정확히 인식하고 그에 맞는 공부법을 처방하는 것이 최선의 길이다.

공부 나이를 높이기 위한 5가지 원칙

공부 나이가 무엇인지 알아봤으니, 이제 공부 나이를 높이기 위한 5가지 원칙을 살펴보자.

1) 입력과 출력을 조화시켜라

입력 위주의 공부만 하는 학생들은 대부분 '공부는 열심히 하는데 시험성적은 잘 나오지 않는다'고 말한다. 하지만 평상시에는 입력한 정보를 출력해보지 않다가 갑자기 시험 날만 꺼내려고 하니 잘될 리가 없다. 생각해보라. 열심히 야구 경기도 관람하고, 경기 룰도 외우고, 캐치볼도 하고, 배팅 연습장에도 가는데 막상 '실제 연습 경기'는 해보지 않았다면 어떨까? 이런 사람이 어느 날 갑자기 시합에 출전한다면 과연 좋은 플레이를 보여줄 수 있을까?

공부도 마찬가지다. 정보를 입력만 하지 말고 강의하듯 말하거나 글로 정리하는 식으로 출력해보는 것이 중요하다. 만약 출력 연습에서 막히는 부분이 있다면 그 부분은 다시 공부해야 한다. 출력이 잘 안 되는 학생은 십중팔구 공부 나이가 뒤처진다.

2) 올바른 교재를 선택하라

학생들에게 자유롭게 교재를 골라보라고 하면 대부분 문제 풀이 위주의 분량이 적은 책을 고른다. 읽고 이해하는 것보다 외우고 문제 푸는 데 익숙할수록 이런 경향은 더욱 강해진다. 설명이 충실하고 두꺼운 책은 기피하는 것이다. 문제는 공부 나이를 높이려면 설명을 충실히 읽고 스스로 고민하며 공부해야 한다는 데 있다. 수능시험 시대의 문제들은 하나같이 정보를 조직화해 입력한 뒤 이를 적용 및 응용하도록 하고 있다. 다시 말해 단순 암기가 아니라 이해와 사고를 중요시하는 것이다. 따라서 교재도 이에 맞는 것을 선택해야 한다. 국어와 영어는 구문, 지문, 문제에 대한 해설이 충분히 상세하고 친절한지 살펴보자. 한편 수학, 사회, 과학 계열은 개념을 설명해주는 앞부분이 이해하기 쉽게 충실히 구성돼 있는지 살펴보자.

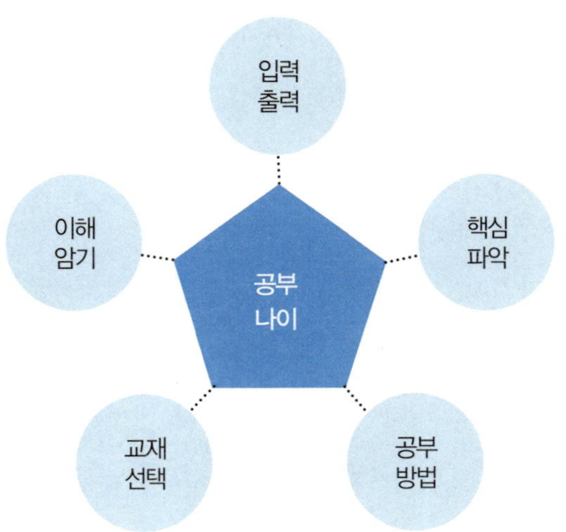

3) 수능형 공부법으로 혁신하라

보통의 학생들이 실행하는 공부법이란 대개 이렇다. 수업 듣기, 필기하기, 계획 짜기, 암기하기. 하지만 이는 구시대에나 통하던 낡은 공부법이다. 이른바 '학력고사'를 보던 학부모 세대에나 통하던 공부방식이란 얘기다. 하지만 지금은 수능 시대다. 교과서 내용을 단순히 외우는 것만으로는 아무런 힘을 발휘하지 못한다. 학습한 정보를 이해하고 소화해 핵심을 평가하고 응용할 수 있어야만 시험을 볼 수 있다. 이러한 공부법 혁신은 중학교 때부터 시작해야 한다. 뒤에 나오는 각 과목별 공부 나이 진단 및 처방에서 좀 더 자세히 설명하겠다.

4) 암기와 이해를 조화시켜라

암기는 단순히 정보를 숙지하는 것이고, 이해는 새로운 정보를 만났을 때 이를 기존 배경지식과 연관 지어 흡수하는 것이다. 따라서 기존 배경지식이 많을수록 이해력이 높을 수밖에 없다. 초등 및 중등 과정에서 암기해야 하는 지식을 많이 제공하는 것도 이런 이유 때문이다. 하지만 이것만으로는 대학 입시에 대비할 수 없다. 고등학교 공부와 수능 시험은 이해를 바탕으로 하기 때문이다. 그러므로 암기와 이해를 조화시키는 게 중요하다.

5) 핵심 파악 능력을 길러라

공부한 내용이 시험에 잘 안 나오는 학생들이 있다. 반면 공부한 것이 족집게처럼 시험에 나오는 학생들도 있다. 이들에게 무슨 차이가 있는 걸까? 바로 핵심 파악 능력이다. 무엇이 중요한지를 알아서 잘 찾는 사람은 시험을 잘 볼 수밖에 없다. 그럼 이런 능력은 하늘에서 떨어지는 걸까? 당연히 길러야 하는 능력이다. 수업을 듣는 과정에서, 스스로 공부하는 과정에서 길러진다. 바꿔 말하면, 수업을 제대로 듣지 않고 스스로 공부할 줄도 모르면 기를 수 없는 능력이라는 뜻이다. 공부 나이를 높이고 싶다면 지금 당장 수업시간에 집중하고 스스로 공부하는 시간을 늘려라.

아는 만큼 들리고 궁금한 만큼 듣고 싶다

지금 예습과 복습의 중요성을 이야기하면 너무 고리타분하게 들릴까? '공부 나이'가 어쩌니 저쩌니 하더니 결국은 똑같은 잔소리인가 하는 생각이 들 것이다. 앞에서 공부 나이를 높이려면 지금 당장 수업시간에 집중하고 스스로 공부하는 시간을 늘리라고 했다. 그런데 바로 그것, 즉 '수업시간 집중'과 '스스로 공부 시간 늘리기'를 위해 필요한 것이 우리가 익숙하게 들어온 '복습과 예습'이다.

누구나 수업시간에 재미없고 지루해서 잠이 오는 경험을 해봤을 것이다. 사실 이건 누구 탓도 아니다. 학생의 의지가 약해서만도 아니고, 교사나 강사의 능력이 부족해서만도 아니다. 좀 더 정확히 진단하자면, 수업내용이 귀에 쏙쏙 들어오지 않기 때문이다. 왜 그럴까? 이유는 둘 중 하나다. 수업하고 있는 내용이 전혀 궁금하지 않거나, 정말 아는 게 없다 보니 무슨 말인지 알아듣지 못하기 때문이다.

자, 진단이 나왔다. 궁금하지 않거나 무슨 말인지 알아듣지 못하는 것이라고 했다. 그런데 이 두 가지 문제를 해결할 수 있는 방법이 바로 예습과 복습이다. 하지만 예습이란 걸 미리 공부해서 다 알게 되는 경지로 이해하면 곤란하다. 예습은 그저 '궁금한 것'을 만드는 데 목적이 있다. 미리 읽어봄으로써 혼자서는 잘 모르겠는 부분을 만들어내고, 이에 대한 궁금증을 안고 수업에 임하도록 하는 게 바로 예습인 것이다.

그럼 복습은? 복습은 말 그대로 '아는 것'을 만드는 일이다. 수업시간에 배운 내용을 다시 한 번 복습해 제대로 이해하고 내 것으로 만드는 것이다. 그럼 예습은 그렇다 치고, 복습이 수업에 집중하도록 만든다는 것은 또 무슨 말일까? 대부분의 교과 내용은 분절적으로 끊어지는 것이 아니라 연계형 학습으로 이뤄진다. 쉽게 말해 지난 시간에 배운 것이 이번 시간에 연계되고, 이번 시간에 배운 것이 다음 시간으로 이어진다는 뜻이다. 따라서 복습으로 지난 시간에 배운 것을 제대로 익혀두면, 이번 수업내용이 잘 들릴 수밖에 없다.

그리고 덤으로 얻는 효과가 하나 더 생겼다. 수업시간에 집중하기 위해 예습과 복습을 철저히 하다 보니 스스로 공부하는 시간도 자연히 늘어나게 된다.

매년 수능이 끝나면 전국 수석을 차지한 학생이 교과서처럼 하는 말 중하나가 예습과 복습을 철저히 했다는 것이다. 뭐 선행을 열심히 했다거나 족집게 과외를 했다고 말할 수는 없으니 말 그대로 '정석' 발언을 한것일 수도 있다. 하지만 이렇게 생각해볼 수도 있지 않을까? '립 서비스'가 아니라 정말로 예습과 복습이 중요했기에 가장 먼저 그 말을 하는 것이라고 말이다. '속는 셈 치고' 지금 당장 예습과 복습에 매진해보자. 처음에는 힘들고 지루할 것이다. 하지만 어느 순간, 일상처럼 그 일을 해내게 되고 수업내용이 더 잘 들리는 날이 올 것이다. 그때가 바로 성적 상승이 기대되는 순간이다.

'할 수 있게' 만드는 질문 학습법

앞에서 '알고 있다'와 '할 수 있다'의 차이를 설명하며, 전자는 진도 나이, 후자는 실력 나이와 연관돼 있다고 말했다. 별것 아닌 것 같지만, 사실 이 두 개념의 차이를 제대로 인식하지 못하고 있는 학생들이 꽤 많다. 문제는 두 개념을 혼동하는 일이 학생들에게 스마트폰보다 더 위험한 것이 될 수 있다는 데 있다. 왜냐하면 '아는 것'과 '할 수 있는 것'이 엄연히 다름에도, 그저 진도를 나가 정보를 입력시켰다는 것에 위안을 삼으며 넋 놓고 있다가 치명적인 결과를 초래하는 일이 비일비재하기 때문이다.

이러한 부작용을 일으키는 대표적인 예가 무분별하고 어설픈 선행학습이다. 입력은 잔뜩 해놓았는데 출력을 할 수 있는지는 장담 못한다. 쉽게 말해 자기가 할 수 있는지 없는지 모르는 상태다. 이는 아예 못하는 것보다 더 나쁘다. 차라리 깔끔하게 전혀 모른다고 느끼면 불안해서라도 다시 찾아봐야겠다고 생각하지만, 알고 있다고 느끼면 그럴 생각조차 하

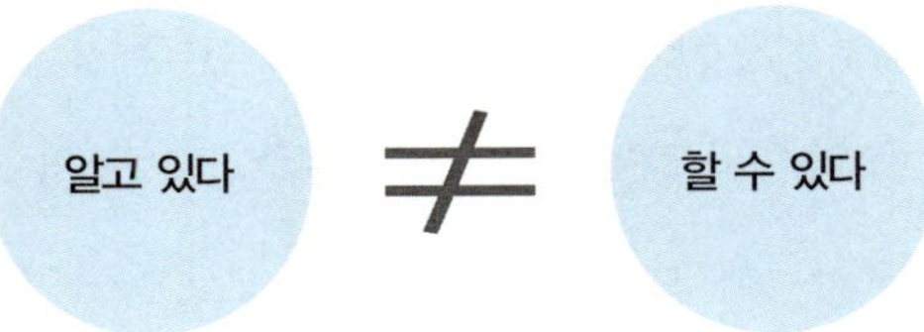

지 않기 때문이다. 평소에 눈으로 읽으며 공부할 때는 다 알 것 같은데, 막상 문제를 풀거나 시험을 보면 마음대로 되지 않은 경험이 있는가? 이 것이 바로 알고 있지만 할 수 없는 상황이라고 보면 된다.

공부란 한마디로 내가 '정말로' 아는지 모르는지를 알아가는 과정이다. 상위권 학생들은 잘 모르겠는 부분이 자꾸만 눈에 밟혀서 늘 시간이 부족하다. 중위권 학생들은 자신이 뭘 할 수 있는지 없는지를 제대로 모르기 때문에 문제가 생긴다. 노력이 부족하진 않다. 입력은 열심히 한다. 하지만 출력 연습이 부족한 게 바로 중위권 학생들의 맹점이다. 실제로 자꾸 꺼내봐서 자신이 제대로 알고 있는지 없는지를 점검해보려는 노력이 부족하다. 하위권 학생들이야 입출력을 떠나 공부 자체를 꾸준히 실행하는 것이 가장 중요하다.

그렇다면 정말로 아는 상태, 즉 할 수 있는 상태인지 아닌지를 스스로 점검해볼 수 있는 가장 좋은 방법은 무엇일까? 다른 사람에게 자신이 공부한 내용을 강의해보는 것이다. 가장 가까운 곳에 가족이 있다. 그들을 가르친다는 마음으로 최대한 친절하고 자세하게 자신이 공부한 내용을 강의해보자. 막힘없이 술술 강의를 끝낼 수도 있을 것이고, 특정 부분에서 막힐 수도 있을 것이다. 막힌 부분이 있다면 입력은 했으되 아직 출력은 못하는 단계이니 다시 점검하고 공부해야 한다. 이렇게 다시 찾아보고 되새겨볼 때 비로소 공부한 내용이 자기 것이 된다.

만약 강의 대상이 없다면 어떻게 해야 할까? 공부한 내용을 스스로 점검하면 된다. 수학의 경우 어떤 개념을 공부했다면 교과서나 교재를 보지 않고 직접 써볼 수 있는지, 즉 정의나 정리를 공부한 대로 말하고 공식을 유도할 수 있는 확인해보자. 과학에서 어떤 실험에 대해 공부했다면 그 과정을 기술하고 원인과 결과를 말할 수 있는지, 그리고 실험에 쓰인 특이한 도구나 물질 내지 방법을 설명할 수 있는지 점검해보자. 국어에서 용어나 문법을 배웠다면 해당 용어의 정의를 말할 수 있는지, 문법사항을 설명할 수 있는지 확인해보자. 영어에서 문법을 공부했다면 책을 보지 않고 그 내용을 말할 수 있는지 알아보자. 사회에서 특정 국가의 성립 과정과 국가 초기의 행정 조직 완비 과정을 공부했다면 이를 구술할 수 있는지 점검해보자. 물론 공부한 내용에 대한 단서는 있어야 할 테니 스터디플래너를 활용해보는 것도 좋을 것이다. 스터디플래너에 적혀 있는 공부 주제를 바탕으로 다른 노트에 출력해 써보는 것이다.

위에서 말한 공부 방식을 간단히 표현하면 '질문 학습법'이라고 할 수 있다. 질문을 던짐으로써 스스로 무지를 깨닫게 만든 소크라테스의 문답법을 공부에 적용시킨 것이다. 이는 스스로 질문을 만들어보며 자신의 학습 과정을 체크하는, 이른바 '메타인지능력'을 훈련하는 것이다. 스스로 질문하고 답하기 때문에 자신이 무엇을 알고 무엇을 모르는지 인지해가며 공부하게 된다. 또한 질문하고 답하는 행위가 습관화되면서 스스로 생각하는 힘이 길러지고, 자신이 알고 있는 것을 재점검하고 체계화함으로써 공부한 내용을 장기기억으로 저장하는 데도 큰 효과를 발휘한다.

물론 처음부터 꽤 괜찮은 출력 성과를 내리라고 기대하지는 말자. 스스로 질문한 것에 대해 제대로 답할 수 있다면 가장 좋겠지만, 설사 그러지 못했다 하더라도 이제 '진짜 공부'를 시작했다는 데 의미가 있기 때문이다.

국영수 공부 나이 진단과 처방

이제 공부에도 나이가 있다는 것, 공부 나이에는 진도 나이와 실력 나이가 있다는 것, 공부 나이를 높이기 위해서는 '알고 있다'에서 머물지 말고 '할 수 있다'는 단계로 나아가야 한다는 것을 알았다. 그러면 이제는 이 과정을 실행하기 위해서 실제로 공부 나이를 진단하고 그 결과에 따라 어떤 처방을 내려야 할지 알아볼 때다. 전 과목을 모두 진단해볼 수 있다면 좋겠지만 이 책에서는 입시에서 가장 중요한 세 과목인 국어, 영어, 수학의 공부 나이 진단법과 처방법만 알아보겠다. 국영수 각 장의 맨 앞에서는 '국어 나이' '영어 나이' '수학 나이'란 무엇인지를 개괄적으로 설명했다. 다시 말해 각 과목별 특성에 따라 어떤 부분을 점검해야 해당 과목의 공부 나이를 정확히 진단할 수 있는지 제시했다. 그다음에는 이를 바탕으로 실제 진단과 처방 단계로 들어간다. 예를 들어 국어의 진도 나이는 단어, 용어, 문법을 체크해봐야 알 수 있고, 실력 나이는 독해력, 분석력, 감상력, 추론력을 점검해봐야 한다. 이런 세부 항목에 따라 국영수 각 과목별로 실제 문제를 예로 들며 진단과 처방을 제시했다.

자, 이제 시작이다. 한번에 국영수 모든 과목에서 혁신을 이루려 욕심부리기보다 이 책을 옆에 두고 조금씩 꾸준히 실천하며 변화할 수 있도록 노력해보자. 대학 입시를 향한 기나긴 레이스에서 분명 웃음꽃을 피울 날이 올 것이다.

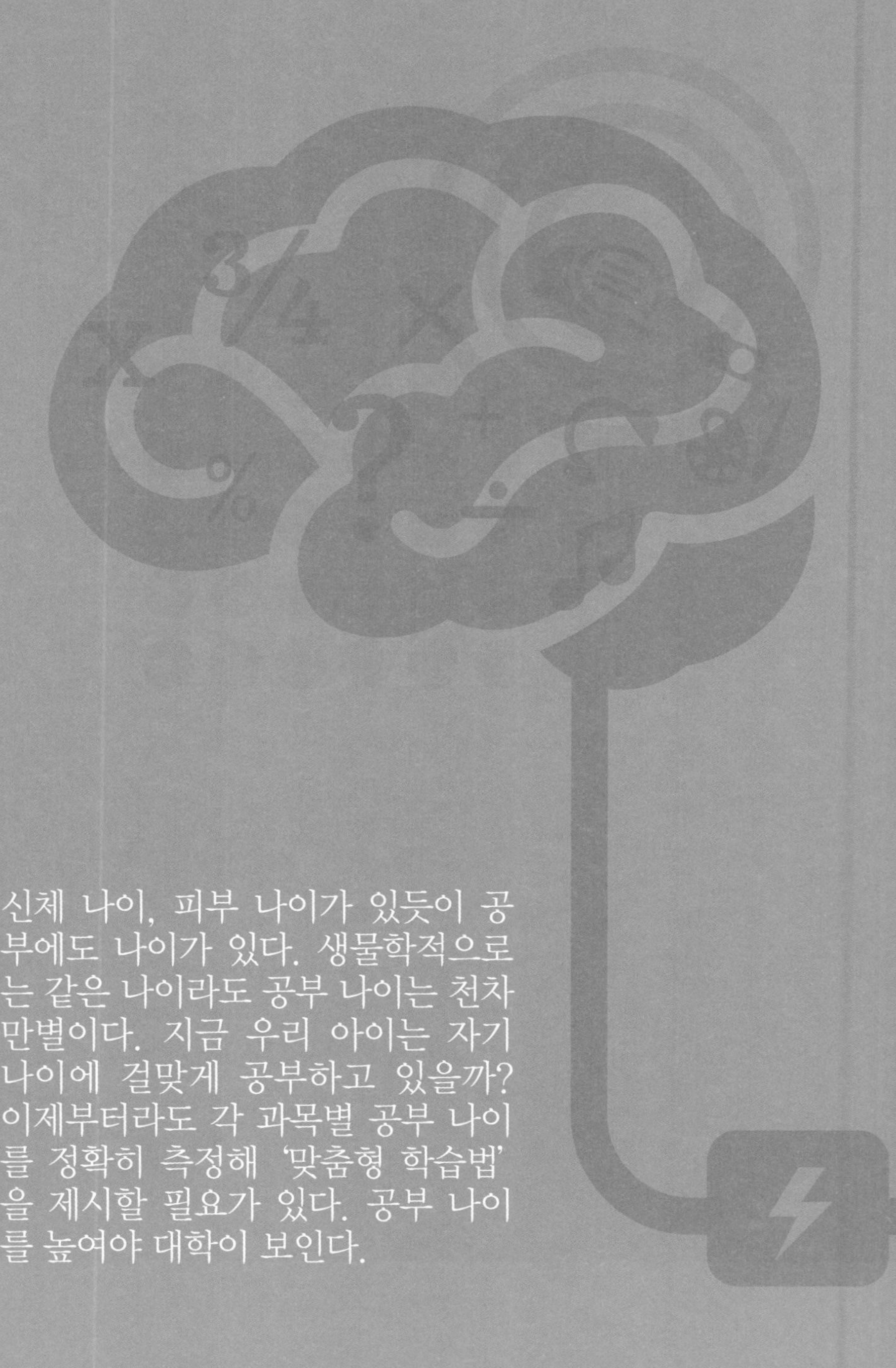

신체 나이, 피부 나이가 있듯이 공부에도 나이가 있다. 생물학적으로는 같은 나이라도 공부 나이는 천차만별이다. 지금 우리 아이는 자기 나이에 걸맞게 공부하고 있을까? 이제부터라도 각 과목별 공부 나이를 정확히 측정해 '맞춤형 학습법'을 제시할 필요가 있다. 공부 나이를 높여야 대학이 보인다.

Chapter 1

국어 나이

국어 나이란 무엇인가

진도 나이(알고 있다)와 실력 나이(할 수 있다)라는 추상적인 개념을 구체화하여 국어 과목에 적용시키면 아래 표와 같은 국어 나이 결정 요소들을 구성할 수 있다.

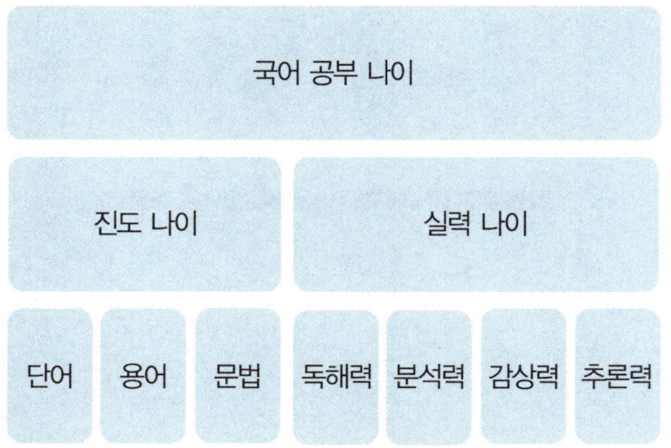

국어의 기초는 단어의 의미를 파악하는 데서부터 시작된다. 그리고 국어 과목에서 쓰이는 용어의 개념을 이해하고 문법을 배우면서 진도를 나

간다. 여기까지가 진도 나이다. 진도 나이로 기반을 다졌다면, 글의 전체적인 맥락과 의미를 이해하고, 이를 비판적으로 평가해 새로운 내용을 도출하는 활동도 하게 된다. 이것이 바로 실력 나이다. 다시 정리하자면 진도 나이는 단어와 용어 및 문법에 대한 이해도로 평가하고, 실력 나이는 글 자체에 대한 독해력, 비문학에 대한 분석력, 문학에 대한 감상력, 새로운 내용을 이끌어내는 추론력 등으로 평가한다. 되도록 진도 나이를 먼저 점검해보도록 하자. 진도 나이는 공부의 기본, 즉 '알고 있다'에 해당하므로 이 단계에서 준비가 되어 있지 않으면 '할 수 있는' 단계인 실력 나이로 이행해갈 수 없기 때문이다. 이렇듯 다양한 능력과 지식들을 종합적으로 평가해 국어의 공부 나이를 결정하는 것이다. 그러면 이제는 차근차근 국어 나이를 진단하고 처방하는 단계로 진입해보자. 진단 부분에서 중간중간에 제시되는 예제들을 한번 풀어보면서 공부 나이를 어떻게 가늠하는지 감을 잡아보라. 각 예제들에 대한 정답은 실려 있지 않다. 예제가 자기 학년 수준에 맞는 것이라면 직접 풀어보고 정답도 여러 방법으로 직접 찾아보자. 자신의 학년에 맞는 수준이 아니라면, 제시한 것과 같은 유형의 문제들을 각자 가지고 있는 교재에서 찾아 풀어보도록 하자. 그리고 그 결과에 따라 해당 '나이'가 부족하다고 판단되는 부분은 이 책에 실린 '처방'에 따라 반드시 보완하도록 하라.

국어 진도 나이

01

1. 국어 단어 실력이 전 과목 성적을 좌우한다

단어 나이 진단

단어 실력이란 무엇일까? 문장을 읽고 이해하는 데 기반이 되는 단위, 즉 한자를 기본으로 하는 우리말 어휘들의 의미를 정확히 알고 이들이 문장 안에서 어떻게 쓰이는지 이해하는 능력이다. 사실 이 능력은 단지 국어 실력에만 영향을 주는 것이 아니다. 국어 단어의 쓰임과 의미를 정확히 이해해야 '우리말로 된 교재'를 이해하고, '우리말로 보는 시험'을 제대로 치를 수 있다. 따라서 국어 단어 실력은 모든 과목에 영향을 준다고 해도 과언이 아니다.

그러나 요즘에는 초등학교 때부터 영어 교육의 중요성을 과도하게 강조하는 반면, 국어 단어 기초 실력 향상에 대한 노력은 점점 더 소홀해지고 있는 실정이다. 게다가 인터넷 신조어와 또래집단끼리 쓰는 비속어와 은어 등도 국어 단어 실력 하락을 부채질한다. 여기에 스마트폰이 가세하면서 화룡점정을 이뤘다. 통계에 따르면 스마트폰 때문에 국민들의 평균 독서 시간이 1시간 이상 줄었다고 하는데, 이는 청소년들도 마찬가지다. 책 읽기 습관이 부족해지면서 자연스럽게 단어 실력도 하락하게 됐다.

예전에는 사람들이 접할 수 있는 매체 대부분이 정적(靜的)이었다. 책, 신문, 잡지 등과 같이 문자화된 형태로 정보를 전달하는 매체가 많았다는 뜻이다. 따라서 학생들이 성장함에 따라 이런 매체들을 통해 정보를 입수하는 과정에서 자연스럽게 단어 실력이 향상되곤 했다. 하지만 스마트폰으로 대변되는 오늘날은 동적(動的) 매체들이 세상을 지배하고 있다. 읽고 이해하기보다 보고 듣고 느끼는 매체들이 단연 압도적이다. 사정이 이렇다 보니 학생들은 단어 실력을 늘릴 기회도 필요성도 적어지고 있다. 그 결과 학년이 올라가도 자신의 나이에 걸맞은 단어 실력을 갖추지 못한 학생들이 늘고 있다.

단어 실력이 제 나이에 맞지 않을 경우 나타나는 대표적인 현상들로는 수학에서 문장으로 된 문제를 푸는 데 어려움을 겪거나, 국어 및 사회 계열 과목들에서 글을 읽고 이해하는 능력이 떨어지는 것이다. 더 나아가 혼자 힘으로 글을 읽어 나가기가 불편해지므로 자연스럽게 자기주도학습 능력도 떨어지게 된다. 결국 남이 설명해주는 것을 듣고 나서야 이해할 수 있으므로 사교육에 의존할 가능성도 높아진다. 이런 현상이 지속될 경우 이해력뿐 아니라 사고력에도 영향을 주어 과학이나 수학에서까지 치명적인 결과를 초래하게 된다. 결국 공부 전반에 안 좋은 영향을 미친다는 뜻이다.

그렇다면 단어 나이는 어떻게 측정하고 진단할 수 있을까? 우선 각 단어의 의미를 정확히 이해하는지 알아보기 위해 '단어가 지닌 의미에 대한 정확한 설명'을 찾는 문제를 제시해볼 수 있다. 혹은 단어 간의 '상하관계'나 '포함관계'를 물어볼 수도 있다. 이를테면 다음과 같은 문제다.

예제 1 | 다음 보기에서 제시된 단어와 다른 관계를 가진 단어로 묶인 것은?

> (보기) 연극 : 비극

① 척추동물 : 포유류

② 자동차 : 승용차

③ 예술 : 문학

④ 우주 : 지구

⑤ 길 : 오솔길

한자어의 경우 해당 단어가 들어간 문장 안에서의 쓰임을 이해하는지 확인해보는 방법이 있다. 예를 들어 아래와 같은 문제가 있다.

예제 2 | 다음 중 의미의 중복이 없는 문장은?

① 과반수가 넘는 찬성으로 안건이 가결되었다.

② 미리 예습하는 것이 좋을 것 같다.

③ 그때 당시에는 모두가 힘들었습니다.

④ 어려운 난관을 뚫고 마침내 시험에 당당히 합격했다.

⑤ 그날 이후 우리는 돈독한 사이가 되었다.

'동의어, 유의어, 반대어'를 통해 단어의 의미를 확인하는 방법도 있다. 또 같은 단어일지라도 문장 안에서의 쓰임에 따라 다른 의미로 사용될 수 있으므로, 이런 예를 제시해주고 다른 의미로 쓰인 것 하나를 골라내는 문제도 있다. 혹은 문맥 안에서 단어가 의미하는 바를 물어보거나(예제 3) 관용적으로 쓰는 표현의 적절성을 판단해보게(예제 4) 할 수도 있다. 더 발전적으로는 문장 중간의 '빈칸에 들어갈 단어'를 유추하도록 하는 방법도 있다. 예제를 보자.

예제 3 | 다음 〈보기〉의 (나)를 참고로 할 때, 밑줄 친 단어 중 (가)의 ⓐ와 문맥적 의미가 같은 것은?

(가)

그러므로 앞으로 노련한 장인과 그 뒤를 ⓐ<u>있는</u> 사람을 키우는 것이 필요하다.

(나)

잇다 01

「동사」(…을) ㉠ 두 끝을 맞대어 붙이다.

  ㉡ 끊어지지 않게 계속하다.

  ㉢ 많은 사람이나 물체가 줄을 이루어 서다.

  ㉣ (주로 '이어'나 '이어서' 꼴로 쓰여) 뒤를 잇따르다.

잇다 02

「동사」(…을) ㉤ 긴 통나무 따위를 깎을 때에 얼마만큼의 사이마다 깎아 낼 만큼의 두께대로 톱으로 썰어서 깎기 쉽게 하다.

---

① 표를 사기 위하여 줄을 <u>이어</u> 서 있는 사람들.

② 자유를 포기하지 않고 생계를 <u>잇는</u> 것은 힘들다.

③ 개회사에 <u>이어</u> 회장님의 인사 말씀이 있겠습니다.

④ 형은 재빨리 옷가지를 <u>이어서</u> 밧줄처럼 만들었다.

⑤ 주차장은 대기 차량들로 꼬리에 꼬리를 <u>잇고</u> 있다.

예제 4 | 다음 글에서 관용 표현의 쓰임이 적절하지 못한 것은?

약 20년 전, 캐나다 토론토에는 영화배우를 뽑는 오디션 장소를 ①이 잡듯이 뒤져 오디션이란 오디션에는 빠짐없이 참가한 두 청년이 있었단다. 두 사람은 주인공 역을 맡고 싶어 소식이 오기를 ②목이 빠지게 기다렸지만, 몇 년이 지나도 기껏해야 단역만 주어질 뿐이었어. 그리고 20년 후, 두 청년 중 하나인 키아누 리브스는 영화 〈매트릭스〉로 세계적인 대배우가 되었지. 반면 다른 청년은 사람들에게 잊혔단다. 그들에게는 어떤 차이가 있었을까?

그건 '생각의 차이'였단다.

키아누 리브스가 '③고생 끝에 낙이 온다고, 이렇게 계속 열심히 하면 언젠가는 반드시 주인공이 될 수 있을 거야. 나는 아주 잘하고 있어.'라고 생각했던 반면, 다른 청년은 이렇게 생각했단다. '아, 역시 난 영화에 재능이 없는 거야. 그래서 단역 배우만 하고 있는 거야. ④개똥도 약에 쓰려면 없다더니……'

결국 이러한 생각의 차이로 인해 두 사람의 미래가 달라지게 되었지.

넌 어떠니? 너 자신에 대해서 긍정적인 생각을 갖고 있니, 아니면 부정적인 생각을 갖고 있니? ⑤높이 나는 새가 멀리 본다고 네가 상상할 수 있는 한 제일 크게 성공한 너 자신을 그리며 살아가렴.

① 이 잡듯 뒤지다.

② 목이 빠지게 기다리다.

③ 고생 끝에 낙이 온다.

④ 개똥도 약에 쓰려면 없다.

⑤ 높이 나는 새가 멀리 본다.

자, 어떤가? 앞에서 단어 나이를 측정할 수 있는 예제 4가지를 제시했다. 물론 이외에도 다양한 진단 예제가 있지만, 비교적 간단하게 변별력을 가지고 테스트해볼 수 있는 문제 유형들을 제시한 것이다. 이렇듯 다양한 문제들을 통해 제 학년에 꼭 알아야 하는 단어 수준과 비교했을 때 자신이 어느 정도인지 상대 평가를 하게 된다. 만약 단어 수준이 자기 나이나 학년에 비해 낮게 나온다면 어떻게 보완해야 할까? 독서를 통한 자연스런 성장과 공부법을 통한 인위적인 성장이 가능할 것이다. 그러면 구체적으로 어떻게 해야 할까? 이제부터 알아보자.

단어 나이 처방 1   한자 공부는 필수다

오늘날, 자신의 나이 대비 단어 능력이 현저히 낮은 학년은 두말할 것 없이 중학교 1~2학년이다. 그만큼 현재 중학생들의 단어 이해 능력이 예전 학생들보다 무척 부족한 상태라는 얘기다. 실제로 학생들을 코칭하다 보면 교과서를 읽다가 단어의 뜻을 몰라서 글의 내용을 이해하지 못하는 경우를 심심찮게 볼 수 있을 정도다. 이는 단순히 국어 학습에만 국한되는 것이 아니다. 사회나 과학을 공부할 때에도 어디서 들어본 것 같긴 한데 정확한 뜻을 몰라 내용을 파악하지 못하는 경우가 많기 때문에 심각한 문제가 아닐 수 없다.

이런 학생들에게 국어 단어 실력을 높이기 위해서는 '한자 공부가 필수'라고 코칭하면 코웃음을 치곤 한다. 다른 것 공부할 시간도 모자란데 무슨 한자 공부냐는 것이다. 예전처럼 한자를 많이 사용하는 시대도 아닌데 시대에 뒤떨어진 발상이라는 게 그들의 변이다. 그런데 여기서 학생들이 간과하고 있는 점이 있다. 한자를 직접 사용하는 빈도는 현저히 낮아졌는지 모르지만, 지금도 우리나라 단어 중 65% 이상은 '한자어'가 차지하고 있다는 사실이다. 국어를 가르치는 교사나 강사가 단어 해석이나 풀이를 할 때 한자어 설명을 곁들이는 이유가 여기에 있다.

예를 들어보자. 한자를 모르는 상태에서 '개발'과 '계발'의 뜻을 구분해 설명해보라고 하면 쉬운 일이 아니다. 그러면 이제 한자를 적용해보자. 개발(開發)의 개(開)는 '통하다, 열리다'라는 뜻을 갖고 있고, 계발(啓發)의 계(啓)는 '일깨워주다'라는 뜻을 지니고 있다. 따라서 '개발(開發)'은 없던 것을 새롭게 열어 만들어낸다는 의미로, '계발(啓發)'은 잠재되어 있는 것을 일깨워준다는 의미로 사용할 수 있는 것이다. 발음은 비슷하지만 뜻은 확연히 차이가 난다. 그러나 한자의 차이를 모르는 학생들 중에는 단순히 '발음이 비슷하다'는 이유로 두 단어를 혼용하는 경우가 많다.

한자를 많이 아는 학생은 국어 단어에 대한 이해도가 높아 글을 읽을 때에도 대략적인 뜻을 유추해내는 능력이 높다. 예를 들어 '폐단(弊端)'이란 한자어의 의미를 알고 있는 학생은 '폐해(弊害)'의 뜻이 정확히 무엇인지는 몰라도 그와 비슷한 의미로 사용될 수 있음을 유추할 수 있다. 즉, 처음 접하는 단어라도 그것을 구성하는 글자들 중 하나의 한자어만 알고 있으면 대략적인 뜻을 파악해 문장을 해석할 수 있다는 것이다.

이와 유사한 맥락에서 '사자성어' 공부도 단어 나이를 높이는 데 도움이 된다. 단, 사자성어 실력은 한자 실력과 무관할 수 있다. 예를 들어 '백아절현(伯牙絕絃)'이란 사자성어를 보자. 개별 한자들을 모두 알고 있어도 사자성어의 뜻을 모를 수 있다. 왜냐하면 사자성어는 개별 한자의 뜻을 합해 이해할 수 있는 것이 아니라 그 말이 유래된 배경을 알아야 이해할 수 있는 것이기 때문이다. 어쨌든 사자성어는 교과서에 나오는 것만이라도 필수적으로 알아두도록 하자. 여러 문맥에서 다양하게 등장하기 때문에 숙지하지 않으면 낭패를 볼 일이 꼭 생긴다. 또한 사자성어는 사례와 함께 공부할 때 보다 높은 효과를 볼 수 있다.

단어 나이 처방 2   **효율적인 독서가 중요하다**

분명 책을 많이 읽는 것은 단어 나이를 높이는 데 중요하고 '효과적'인 방법이다. 아무리 강조해도 지나치지 않다. 하지만 다독이 꼭 '효율적'이라고 볼 수만은 없다. 왜냐하면 중학교 때부터 대학 입시 때까지 시간을 투자해 노력해야 할 것들이 너무나 많기 때문이다. 다시 말해 독서에만 모든 시간을 할애할 수는 없다는 뜻이다. 성적이나 입시와는 무관한 삶을 살아가겠다면야 또 모르지만 대한민국에서 '보통'의 청소년으로 살아갈 때 독서를 최우선 순위로 놓기는 쉽지 않다.

'투입 대비 결과가 높게 산출'될 때 '효율이 높다'고 할 수 있다. 따라서 한정된 시간에 짬을 내서 책을 읽는다면, 가급적 효율을 높이는 쪽으로 노력해야 의미 있는 결과를 산출할 수 있을 것이다. 그렇다면 어떻게 읽어야 효율적인 독서가 될까? 또 어떻게 읽어야 단어 나이를 높이는 데 도움이 될까?

그동안 책이나 글을 읽다가 모르는 단어가 나오면 어떻게 했는지 생각해보자. 국어사전에서 뜻을 찾아 확인했는가? 짐작건대 대부분 그렇지 않을 것이다. 반면 영어를 공부할 때는 어떤가? 모르는 단어가 나오면 바로 사전을 찾아보거나 일단 체크해두었다가 해당 지문의 해석을 마친 뒤에라도 꼭 확인해보았을 것이다. 그런데 왜 국어를 공부할 때는 모르는 단어를 찾아보지 않을까? 당연한 말이겠지만 '우리말'이기 때문이다. 대략적으로나마 전체 문장의 의미가 이해되면 개별 표현들의 뜻은 어설프게 넘겨짚는 것이다. '우리말'이기 때문에 갖고 있는 어설픈 자신감이 국어 단어 학습을 가로막고 있는 셈이다.

단어 나이의 기초를 형성하는 초등학교 시절부터 이런 식으로 대충 넘어가면서 6년의 세월을 보내면 중학교에 올라간 후부터 결정적인 문제가 발생하기 시작한다. 당연히 알아야 할 단어의 뜻을 몰라 문장을 이해하는 데 어려움을 겪게 되는 것이다.

자, 그럼 다시 본론으로 돌아가서 어떻게 책을 읽어야 단어 나이 향상 효율을 극대화할 수 있을까? 바로 글의 '맥락 안에서 단어를 학습'하는 것이다. 즉 책을 읽을 때 스토리 위주로 쭉쭉 속독하기보다 차근차근 문장을 정독하면서, 문맥 안에서 단어들이 어떻게 쓰이는지를 이해하는 것이다. 물론 지나치게 작위적으로 단어 하나하나를 짚어가며 느리게 읽으라는 것은 아니다. 모르는 단어가 나왔을 때 이를 짚어볼 수 있을 정도의 수준으로 정독하라는 뜻이다.

그런데 얼핏 보면 '맥락 안에서 단어의 의미를 이해하는' 방식이라는 것이 앞에서 말한 '어설프게 뜻을 넘겨짚는' 것과 비슷하게 여겨질 수도 있다. 하지만 결론부터 말하자면 전혀 다르다. '맥락 안에서 단어를 학습'하는 방법을 도식화하면 아래와 같다.

1단계: 글의 문맥을 활용하여 해당 단어의 뜻이 어떤 것인지 추측해본다. 이때 한자의 뜻을 활용할 수 있다면 추측에 도움이 된다.

2단계: 본인이 해석한 단어의 뜻을 해당 문장에 적용해서 말이 되는지 점검해본다.

3단계: 자습서나 문제집의 해설 또는 국어사전을 참고해서 정확한 뜻을 파악한다.

학생 수준에 따라 위 과정이 한 번에 통합적으로 이루어지기도 한다. 다시 한 번 강조하고 싶은 것은 국어도 영어처럼 사전을 찾아보며 정확한 단어의 뜻을 파악해 학습해야 한다는 점이다. 여기서 한 가지 의문이 들 수도 있다. 국어 단어 실력이 출중한 학생들은 하나같이 책을 읽을 때마다 단어의 뜻을 확인했을까? 꼭 그렇지만은 않다. '반복과 양의 힘'으로 단어 나이가 일취월장한 학생들도 있다. 여러 분야의 책들을 읽으며 '단어들'이 어떻게 쓰이는지 실전에서 바로 익혀 뜻을 깨치게 된 경우다. 이런 학생들은 굳이 따로 노력하지 않아도 다른 이들보다 높은 수준의 단어

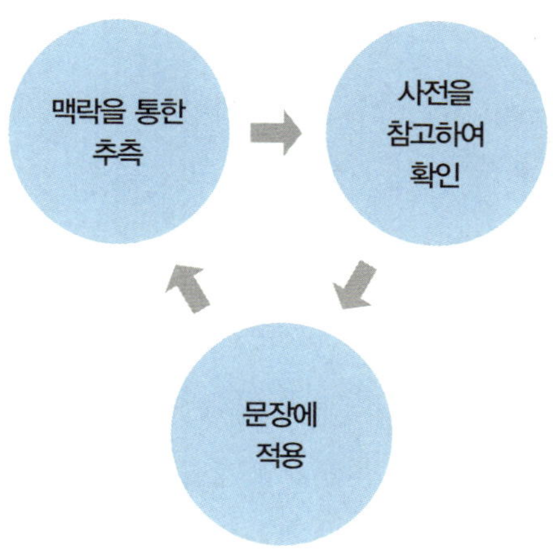

나이를 유지한다. 이들을 부러워하지만 말고 독서량을 늘리는 것은 어떨까? 초등학교 5~6학년에서 중1 겨울방학까지는 상대적으로 독서에 시간을 많이 할애할 수 있는 시기다. 자신의 독서량이 부족하다고 판단되면 최소한 학교에서 추천하는 필독서만이라도 이 시기에 독파하도록 하자.

2. 용어를 알아야 국어 개념이 잡힌다

용어 나이 진단

용어는 단어와 다른 개념이다. 단어가 국어에서 가장 기본이 되는 단위로 사용되는 말이라면, 용어는 쉽게 말해 전문 분야별로 독특한 의미와 배경을 갖고 사용되는 말이다. 야구 경기에서 사용하는 '안타' '볼넷' '도루' 같은 말들은 다 야구 '용어'다. 야구 용어를 잘 알아야 야구 경기가 더 재미있어지는 것처럼, 국어 공부를 할 때도 용어를 잘 알아야 이해도가 높아진다. 이처럼 용어는 거의 모든 영역에서 일종의 눈 역할을 한다.

국어 과목에도 전문 용어들이 있다. 시어, 운율, 심상(이미지), 시적 화자, 시상 전개, 인물, 갈등과 사건, 문체, 서술자, 논증과 추론, 문단, 음운, 담화 등등 국어 과목에서 사용되는 특수한 개념들이 모두 용어다. 이런 용어들은 학년이 올라갈수록 많아지고 중요해진다. 당장 시험문제를 풀 때도 용어의 의미를 알아야 하고, 자습서로 공부할 때도 용어를 모르면 제대로 이해하기 힘들다. 수학에서 개념을 알아야 문제를 풀 수 있듯이, 국어에서도 용어를 알아야 문장이나 문제가 의미하는 바를 정확히 알 수 있다. 학년이 올라가면서 국어 과목에 등장하는 용어는 반복되고 누적된다. 따라서 한번 배운 용어는 계속해서 그 쓰임새가 많아진다. 사정이 이렇다 보니 국어 공부는 단어와 용어에서부터 시작된다고 해도 과언이 아니다.

그렇다면 용어 나이는 어떻게 진단해야 할까? 가장 일차적인 방법은 용어 자체의 '정의'를 알고 있는지 체크하는 것이다. 보통 '용어에 해당하는 정의는?' '정의에 해당하는 용어는?' '용어에 대한 설명으로 올바른 (혹은 올바르지 않은) 것은?' 하는 식으로 묻는다. 이를테면 이런 문제다.

예제 1 | 시의 운율에 대한 설명으로 적절하지 <u>않은</u> 것은?

① 운율은 정형시에서는 겉으로 드러나지 않는다.

② 운율은 시어나 글자 수의 반복 등을 통해 나타난다.

③ 운율은 시의 주제나 분위기를 형성하는 데 기여한다.

④ 운율은 의성어나 의태어를 통해서도 형성할 수 있다.

⑤ 운율이란 시를 소리 내어 읽을 때 느껴지는 말의 가락을 말한다.

예제 2 | 다음 중 희곡에 대한 설명으로 알맞지 <u>않은</u> 것은?

① 장면 전환이 자유롭다.

② 사건을 현재화하여 표현한다.

③ 한정된 시간과 공간으로 제약을 받는다.

④ 무대 상연을 전제로 한 연극의 대본이다.

⑤ 결말의 내용에 따라 희극과 비극으로 나뉜다.

한편 비슷한 '용어 간의 차이점'을 구별해낼 수 있는지를 물어보는 방법도 있다(예제 3). 또 글을 주고 거기서 실제 '사용된 개념을 용어로 연결'할 수 있는지를 볼 수도 있다(예제 4). 더 높은 수준으로는 특정 개념과 용어를 보기로 제시하고 이에 부합하는 글과 연결시킬 수 있는지를 테스트할 수도 있다(예제 5). 이를 변용해 어떤 글이나 문장에 대한 설명을 '용어들을 써서 표현했을 때 옳고 그름을 구별'해보도록 함으로써 용어 사용 능력까지 평가해볼 수도 있다.

예제 3 | 풍자에 대한 설명으로 알맞지 <u>않은</u> 것은?

① 직접적인 비판보다 효과적일 수도 있다.

② 현실에 대한 비판이 궁극적인 목적이다.

③ 해학과 마찬가지로 익살스러운 웃음을 유발한다.

④ 반어적 표현 등을 사용하여 대상을 우회적으로 비판한다.

⑤ 개인 또는 사회의 모순을 지적하는 데에 웃음을 사용하는 방식이다.

예제 4 | 다음 글의 밑줄 친 부분에 포함되지 <u>않는</u> 것은?

> 방언 속에는 우리 민족의 정서와 사상이 들어 있어서 민족성과 전통, 풍습을 이해하는 데 도움을 준다. 풍부한 <u>구비 문학</u>이 방언으로 표현되어 있는데, 이들은 과거 우리 조상들의 삶의 모습을 실감나게 보여 준다.

① 민담

② 민요

③ 전설

④ 희곡

⑤ 재담

예제 5 | 다양한 소재로 글쓰기를 해 보았다. 아래 조건이 모두 충족된 것은?

> • 비유적 표현 사용
> • 대상의 부정적 측면을 밝혀 경각심을 일깨움

① 칼은 그것이 어떻게 사용되느냐에 따라 이기가 될 수도 있고 흉기가 될 수도 있으므로 신중하게 사용해야 한다.

② 소문은 신뢰성이 떨어지는 내용을 담기도 한다. 그런 소문은 사방으로 퍼져 나가며 구르는 눈덩이처럼 거짓과 오해를 스스로 부풀린다.

③ 숫자에 집착하게 되면 사람은 삭막해진다. 나비의 날갯짓에서도 아무 감동을 느끼지 못하게 되고 대신 그 나비가 몇 마리인지만 중요해진다.

④ 옹기는 투박해서 좋다. 번지르르하게 윤이 나는 얼굴을 내민 얄팍한 도자기들과 달리 그저 묵묵히 제 할 일을 하며 세월을 견디어 온 대들보 같아서 좋다.

⑤ 돈은 사랑의 대상이 되기도 하고 증오의 대상이 되기도 한다. 하지만 돈을 증오한다는 사람조차도 이미 돈을 생활의 가장 중요한 도구로 사용하고 있다.

예제가 아주 쉽게 풀렸는가? 아니면 헷갈리는 문제가 많았는가? 학생들 대부분이 본문 해설과 문제 풀이에 집착하는 경향이 있는 반면, 국어 텍스트를 읽는 '눈'에 해당하는 '용어 공부'는 게을리한다. 이 경우 글자는 아는데, 정작 무슨 소리를 하는지는 전혀 이해하지 못하는 까막눈 아닌 까막눈이 될 가능성이 높다. 국어는 용어에 대한 이해 없이 무조건 외운다고 할 수 있는 공부가 아니다. 용어 나이를 향상시키기 위한 가장 기본적인 방법은 시중에서 국어 용어나 개념에 대한 사전 형식의 교재를 찾아 공부하는 것이다. 무척 다양한 방식의 교재들이 나와 있는데, 다만 별도로 이런 책들을 구입해 공부하는 것이 자신에게 맞지 않는다고 느낀다면 평상시 공부에서 실천할 수 있는 방법을 알고 있어야 한다. 이제부터 그 방법을 알아보자.

국어에서 용어란 쉽게 말해 각 개념들을 설명하기 위해 사용하기로 '약속한' 단어들이다. 새로운 용어가 하나씩 나올 때마다 제대로 공부해두면 중학교, 고등학교, 대학 입시 때까지 두고두고 활용할 수 있는 밑거름이 된다. 그동안 용어 공부에 소홀했다 하더라도 때를 놓쳤다며 한탄하기보다는 지금부터라도 공부 방법에 변화를 주면 좋을 것이다.

학교 교육 과정에서 배워야 할 용어는 크게 문법 용어, 문학 용어, 비문학 용어로 나뉜다. 여기서는 문학과 비문학 용어 학습법 중심으로 설명하고, 문법 용어는 뒤에 나오는 문법 부분에서 다루도록 하겠다.

용어 학습을 단어 학습의 연장으로 볼 수도 있으나, 단어와 용어는 엄연히 학습 내용이 다르다는 점을 우선 인지할 필요가 있다. 단어가 실제 생활에서 사용하는 우리말이라고 한다면, 용어는 국어를 공부할 때 필요한 '프레임' 같은 것이다. 즉, 글을 이해하는 프레임을 글이나 문학 작품의 종류에 따라 구분해서 간략히 단어로 압축해 설명한 것이 바로 용어다. 예를 들어 '추보식 구성'이라는 용어를 모르면 문학 작품을 완벽하게 이해하기 어려우며, 논설문에서 자주 쓰이는 논증방식을 숙지하고 있지 않다면 글의 이해뿐 아니라 문제 해결에서도 어려움을 호소할 가능성이

46

높다.

　그렇다면 용어 나이를 높이기 위한 최적의 학습법은 무엇일까? 바로 '갈래(장르) 학습법'이다. 국어의 용어는 대부분 '갈래'에 따라 달라진다. 따라서 넓게 보면 '용어 학습 = 갈래 학습'이라는 등식이 어색하지 않을 만큼 밀접한 관련이 있다. 그런데 도대체 갈래 학습이 뭘까? 48쪽의 표는 중학교 수준에서 예로 든 갈래별 용어 목록 예시다.

　표에서 보듯, 자신의 학년과 교과 내용에 따라 각 용어들을 '갈래'별로 분류해 정리해보는 습관을 가지자. 그래야 여러 용어들을 서로 연계해 통합적으로 공부할 수 있기 때문이다. 그럼 갈래에 따른 각 용어들은 어떻게 공부하는 것이 가장 효과적일까?

❶ 용어의 정의를 정확히 이해하라

　용어의 정의를 정확히 알고, 갈래 속에서 어떤 의미를 갖는지 이해하는 것이 우선이다. 즉, 용어의 뜻 자체를 이해하는 것이 우선이라는 말이다. 이는 수학으로 치면 개념에 해당하는 아주 기초적인 부분임에도 학생들이 간과하는 경우가 많으므로 반드시 점검해야 한다.

❷ 용어 간의 차이를 구분하라

　갈래 속 다른 용어와의 관계를 파악하여 도표나 도식으로 정리하자. 학생들이 흔히 하는 실수 중 하나는 비슷한 두 용어의 차이점을 구별하지 못하는 바람에 실제 문제를 접했을 때 엉뚱한 답을 쓰거나 선택한다는 것이다. 이를 미연에 방지하려면 갈래 내에 있는 다양한 용어들의 상관관

| 갈래별 용어 목록 예시 |

갈래(장르)	용어
설명하는 글	특성: 평이성/체계성 문단구성방식: 두괄/미괄/양괄/병렬 내용전개방식: 정의/대조/비교/예시/분류/분석/과정/인가/유추 지시어 및 접속어: 인과/역접/대등/첨가/요약/전환
주장하는 글	특성: 주관성/타당성 논증방식: 귀납/연역 내용전개방식: 정의/대조/비교/예시/분류/분석/과정/인가/유추 지시어 및 접속어: 인과/역접/대등/첨가/요약/전환
시	운율: 외형률/내재율 심상: 시각/청각/미각/후각/촉각/공감각 비유법: 직유/은유/의인 변화법: 반어/역설/도치/대구 강조법: 과장/반복/대조/점층 어조: 관조/냉소/해학 감상법: 절대/반영/표현/효용 시적 화자
소설	특성: 개연성/허구성/서사성 소설 3요소: 주제/구성/문체 구성 3요소: 인물/사건/배경 인물유형: 중심/주동, 평면/입체, 전형/개성 갈등: 내적/외적 구성방식: 액자식/입체적 시점: 1인칭 주인공/1인칭 관찰자/3인칭 작가 관찰자/3인칭 전지적 작가 어조: 해학/냉소/풍자/반어

계를 파악해, 이들이 서로 어떻게 다른지를 이해해야 한다. 예를 들어 '비교'와 '대조', '분류'와 '분석'처럼 비슷한 듯 보이지만 전혀 다른 의미를 지닌 용어를 정확히 구분할 수 있어야 한다는 것이다.

❸ 용어의 다양한 활용 사례를 공부하라

해당 용어가 같은 갈래 내에서 어떻게 활용되는지 확인해보도록 하자. 쉽게 말해 특정 용어가 활용된 다양한 사례를 찾아보라는 것이다. 예를 들어 〈소나기〉를 읽으며 '복선'이라는 용어를 공부했다면, 다른 소설에서는 복선이 어떻게 활용됐는지 찾아보는 게 좋다. 특정 작품에서는 복선을 찾았는데, 다른 작품에서는 그러지 못한다면 해당 용어를 제대로 이해했다고 보기 어렵다.

❹ 용어가 여러 갈래에서 어떻게 쓰이는지 파악하라

한 갈래에서 사용되는 용어가 다른 갈래에서는 어떻게 적용되는지를 파악하자. 예를 들어 시의 '시적 화자'와 소설의 '주인공' 간에는 어떤 차이가 있는지, 설명문과 논설문의 설명 방식에는 어떤 차이점과 유사점이 있는지 등을 파악하는 것이다.

교과서만 갖고 지금까지 설명한 학습 방법을 적용하기에는 다소 무리가 있다. 교과서에는 사고의 확장이나 심화에 도움을 주는 학습 문제들이 실려 있지만, 용어의 실제 갈래를 공부하는 데 도움을 주는 정보는 충분히 제공되어 있지 않기 때문이다. 따라서 자습서를 활용하는 것이 좋은데, 대부분의 자습서들이 갈래 학습을 정리해놓고 있음에도 학생들은 이 부분을 거의 읽지 않고 넘어간다.

국어 자습서를 살 때는 갈래 해설 파트를 잘 보고, 자신이 충분히 이해할 수 있는 방식으로 서술되어 있는지 체크해보는 것이 좋다. 또 각 갈래는 한꺼번에 정리해서 학습하기보다는 현재 자신이 학교에서 배우고 있는 단원에 해당하는 갈래를 그때그때 공부하는 것이 좋다. 해당 단원 학습 전과 마무리 때에 수시로 정리해서 반복 학습하도록 한다. 처음에는 앞서 설명한 4단계 과정에 따라 차근차근 학습하고, 반복 횟수가 많아질수록 3~4단계에 집중해 학습하도록 하자.

3. 문법을 알아야 수능 만점이 보인다

문법 나이 진단

수능에서 국어 어법, 문법에 관한 문제가 늘었다. 국어 그 자체에 대한 기본 지식의 중요성이 강조되고 있다는 뜻이다. 언어영역의 명칭을 국어로 바꾸면서 국어 수업과 수능 시험의 괴리를 줄인다는 의미도 담겨 있다. 문법 지식은 학년이 올라감에 따라 자연스럽게 배우게 되는 것이므로 '아느냐 모르느냐'에 해당하기에 진도 나이로 분류한다.

문법 나이는 단어나 용어 나이보다 좀 더 직접적이고 구체적으로 문제가 되는 요소다. 단어나 용어는 그 자체가 직접적으로 문제가 된다기보다 그것들을 사용하거나 활용하는 과정에서 부족한 점이 드러난다. 그러나 문법은 상황이 다르다. 문법 그 자체를 아는지 모르는지를 묻는 문제가 출제되기 때문에 제대로 공부하지 않을 경우 바로 틀릴 수밖에 없다. 반면 정확히 공부해두면 그 효과가 확실하게 나타난다.

문법 지식은 대부분 학교 수업과 복습을 통해 충분히 정복할 수 있다. 반면 학교 수업에서 진도를 나갈 때 제대로 공부하지 않을 경우, 나중에 독학으로 복습하기에는 어렵고 복잡하다. 따라서 수업 때 집중해서 잘 공부해두는 것이 가장 현명한 방법이다.

문법 나이를 측정하는 방법은 단어와 용어에 비해 단순한 편이다. 이미 전통적인 문제 유형들이 많이 나와 있어서 새로운 방식을 도입할 필요가 없다. 또 문법, 어법에 관련된 자습서와 문제집이 많이 나와 있으므로 이들을 잘 선택해서 공부 계획을 수립하는 것만으로도 충분하다.

문법 나이를 진단하는 구체적인 방법으로는 품사나 단어 형성 및 자모 체계에 관한 내용, 문장 짜임 · 음운 변동 · 높임 문제 등에 관한 내용, 음운의 특성이나 문법용어 자체의 정의에 관한 내용 등이 있다. 아래에 문법 나이 진단을 위한 몇 가지 예제들을 제시하겠다.

예제 1 | 다음 중 음운에 관한 설명으로 적절하지 않은 것은?

① 국어의 자음과 모음은 모두 40개이다.

② 국어의 모음과 자음은 모두 홀로 소리가 날 수 있다.

③ 모음은 단모음 10개, 이중 모음 11개로 이루어져 있다.

④ 음운은 말의 뜻을 구별하여 주는 소리의 최소 단위이다.

⑤ 자음은 소리 내는 방식과 소리 나는 위치에 따라 나눌 수 있다.

예제 2 | 문장을 이루는 요소에 대한 설명으로 알맞지 않은 것은?

① 절은 주어와 서술어로 생각을 표현하는 최소의 언어 형식이다.

② 구는 두 개 이상의 어절이 모여 하나의 단어와 같은 기능을 한다.

③ 어절은 문장을 구성하는 기본적인 문법 단위로 띄어쓰기 단위와 일치한다.

④ 음운은 말의 뜻을 구별해 주는 소리의 가장 작은 단위이다.

⑤ 조사나 어미와 같은 문법적 기능을 하는 요소들은 앞의 말에 붙어서 한 어절
을 이룬다.

예제 3 | ㉠~㉢에 대한 설명으로 적절하지 않은 것은?

> ㉠ 단비가 내려서 소나무가 잘 자란다.
> ㉡ 나는 병훈이가 선생님이 되었다는 것을 들었다.
> ㉢ 세상은 빠르게 변하지만 소중한 가치는 변하지 않는다.

① ㉠의 연결어미 '~서'는 이유의 의미를 갖는다.

② ㉠은 연결된 홑문장들의 의미 관계가 독립적이다.

③ ㉡은 겹문장으로, 명사절을 안은문장이다.

④ ㉡의 '병훈이가 선생님이 되었다는 것'은 목적어 역할을 한다.

⑤ ㉢은 대등하게 이어진문장으로, 연결어미 '~지만'은 대조의 의미를 갖는다.

예제 4 | 다음 중 동일한 음운 변동 현상이 일어난 단어끼리 연결한 것은?

① 침략 – 아드님

② 부삽 – 입히다

③ 하얗다 – 박혀

④ 쇠붙이 – 해맞이

⑤ 옮기다 – 광한루

수업내용을 잘못 이해하고 있는 사람은?

① 지효: 합성어와 파생어는 모두 복합어야.

② 개리: 맞아! 파생어는 어근과 접사가 결합된 단어이고, 합성어는 둘 이상의 어근이 결합된 단어야.

③ 지효: 그러면 '덮개'랑 '일꾼'은 파생어 맞지?

④ 개리: 합성어의 예는 뭐가 있을까? '날달걀'이 그 예가 되겠지?

⑤ 지효: 합성어의 다른 예는 '돌다리'가 있겠다.

어떤가? 어려운가? 학생들에게 국어에서 가장 어려운 영역을 하나만 꼽으라고 하면 대개 문법이라고 말한다. 이해하기 어렵고, 외워도 금방 까먹기 때문에 열심히 공부했는데도 성과가 잘 나지 않는다. 심지어는 외국어인 영어 문법보다 국어 문법을 더 잘 잊어버린다. 왜일까? 영어의 경우 문법 지식이 부족하면 지문 독해를 하기 어렵기 때문에 그 중요성을 인식하고 지속적으로 공부한다. 하지만 모국어인 국어는 문법 지식이 없더라도 글을 읽는 데 큰 문제가 없을 뿐 아니라 학교에서도 특정 시기에만 국어 문법을 다루기 때문에 중요하게 여기지 않게 되는 것이다.

하지만 막상 고등학교 수능 모의고사 문제를 잘 살펴보면, 언제 배웠는지 떠오르지도 않는 문법 문제들이 속속 등장한다. 고등학교에서도 문법 과목은 선택임에도 불구하고, 실제 수능에서는 꽤 중요한 파트로 등장하고 있는 셈이다. 그렇다면 문법 나이를 높이기 위해서는 어떻게 하는 것이 효과적일까?

고등학교에 들어가서 방학을 활용해 국어 문법을 정리하겠다고 마음 먹는 학생을 심심찮게 볼 수 있지만, 이는 추천할 만한 방법이 아니다. 고등학교 국어에서는 문학이나 비문학 파트가 더욱 중요해지므로 작품을 제대로 학습하는 데만도 많은 시간이 걸린다. 따라서 소중한 시간을 쪼개 방대한 분량의 문법을 공부하는 것은 그리 효과적인 방법이 아니다. 특히 문법은 한번 학습해도 그 지속성이 떨어지므로 반복해서 공부해야 한다. 따라서 공부할 것이 너무도 많은 고등학교 때 국어 문법 공부 시간을 따로 할애하는 것은 그리 바람직하지 않다. 그렇다면 언제, 어떻게 하는 것이 좀 더 효과적이고 효율적인 문법 공부법일까?

우선 학생들 대부분이 인지하지 못하고 있는 사실 하나를 알려줘야겠다. 국어 문법 중 80% 이상을 중학교 과정에서 배운다는 것이다. 그리고 고등학교에서는 중학교 때 배운 문법의 심화 과정, 난이도가 높은 고대와 중세 문법 등이 추가될 뿐이다. 따라서 중학교 과정에서 문법을 배울 때 내신에 대비하는 차원에서 틈틈이 공부하고 정리해두는 것이 가장 좋은 방법이다. 물론 자주 시간을 할애하기가 쉽지는 않을 것이다. 해야 할 다른 공부도 많을 뿐 아니라 지루한 국어 문법을 매일같이 공부하기는 어려울 것이기 때문이다. 방학이 되면 지난 학기에 배운 문법 지식을 다시 정리하는 식으로 학습 계획을 구성하도록 하자. 특히 중학교 교과서에 나오는 예시들은 기본적이고 필수적인 문장이기 때문에, 한번 공부할 때 달달 외울 정도 수준으로 학습할 필요가 있다.

교과서 문법 내용은 스스로 정리해서 본인만의 핵심 정리 노트를 만들거나, 수업내용을 적어둔 교과서의 문법 파트만을 붙여서 한 권으로 만드는 것이 가장 좋다. 이미 다 정리되어 있는 문제집만 본다거나 강의 듣기 위주로 공부하면 잊어버리는 속도가 빨라지므로 최초에 공부할 때 본인 스스로 정리하며 학습하는 것이 가장 좋다. 정리는 다음 순서대로 진행하자.

1) 우선 교과서 내용을 정리하자. 문법 사항의 정의, 의미, 분류 중심으로 정리하도록 한다. 이때 각 문법 사항에 해당되는 교과서 예시는 반드시 함께 정리해 학습할 수 있도록 하자.

2) 다음으로 교과서 연습 문제는 완벽히 이해할 수 있도록 최소 3번 이상 풀고, 문제에 나온 예시 또한 정리해서 암기하도록 한다.

3) 마지막으로 문제집이나 참고서를 통해서 부족한 부분을 보충해 정리하고, 단원 평가 문제를 푸는 것으로 마무리한다.

특히 강조하고 싶은 것이 하나 있는데, 교과서에 필기한 내용을 나중에 다시 복습할 수 있도록 '절대' 버리지 말라는 것이다. 국사나 사회 같은 과목의 책은 잘 버리지 않으면서, 국어 교과서는 한 학기만 지나면 쉽게 버리는 것이 다반사다. 하지만 국어 문법이야말로 본인이 수업을 들으며 선생님의 설명을 필기하고 정리해둔 교과서를 잘 갖고 있어야 한다. 문법을 복습할 때마다 다른 책으로 바꿔서 보는 학생들이 많은데, 이는 이미 알고 있는 내용까지 처음부터 다시 학습해야 하는 번거로운 일을 자처하는 것이다. 본인의 필기 노트도 물론 학습해야 하지만, 선생님의 설명이 빼곡하게 적혀 있는 교과서야말로 국어 문법 학습의 속도를 올려 주는 최고의 교재다.

하나 더 잊지 말아야 할 것은 고등학교 진학 전 겨울방학의 활용이다. 이때 학생들 대부분이 영어와 수학 공부에 모든 시간을 할애하지만, 잠시 짬을 내어 중학교 국어 문법을 정리하도록 하자. 이때 EBS의 중학교 문법 방송을 추천한다. 짧은 시간 내에 빨리 정리할 수 있도록 도와줄 것이다.

여기서 하나 의문이 들 수도 있을 것이다. 방대한 양의 국어 문법을 모두 달달 외어야 하는 것일까? 필수적으로 암기하거나 정리해야 하는 것은 없을까? 물론 있다. 국어 문법 중에서도 특히 중요해서 반드시 학습하고 정리해야 할 내용을 표로 정리하면 오른쪽과 같다. 다만 꼭 당부하고 싶은 말은 표에 정리된 내용이 국어 문법의 전부가 아니라는 것이다. 중학교 과정에서 국어 문법 전체를 최소 한 번 이상 정리하며 공부한 다음, 나중에 핵심적인 부분만 다시 빠르게 정리하고 싶을 때 표에 나와 있는 항목들을 중점적으로 체크하라는 것이다.

표에서 제시한 항목들을 중심으로 중학교 문법 과정을 충실히 공부했다면, 고등학교 1학년 모의고사에서 출제되는 문법 문제는 큰 무리 없이 풀 수 있을 것이다. 하지만 한 가지 난관이 남아 있다. 바로 '고대와 중세 국어' 파트다. 보통 고등학교 1학년 때 고대·중세·현대 국어를 실제 문헌을 통해 학습하게 되는데, 이 부분이 사실 만만치 않다. 외워야 할 것들도 많을 뿐 아니라, 지금의 문법과 다르기 때문에 이해하기가 쉽지 않다.

문법 사항	상세 내용
품사	의미적 분류: 9품사 기능적 분류: 용어의 활용 및 어미 / 본용언, 보조용언 관형사, 부사
단어의 짜임	복합어: 파생어 vs 복합어
단어의 특징	동음이의어 vs 다의어
문장성분	관형어, 부사어, 관형어 vs 부사어
기능	사동 vs 주동 피동 vs 능동
문장의 종류	평서, 의문, 명령, 청유, 감탄 '안', '못' 부정문
높임법	상대 높임: 격식체(해라/하게/하오) vs 비격식체(해/해요)
문장의 짜임	관형절 vs 부사절(연결어미 체크)
음운	자음체계, 모음체계
음운변동	음절 끝소리: ㄱ, ㄴ, ㄷ, ㄹ, ㅁ, ㅂ, ㅇ 자음동화: 진리[질리] 구개음화: 해돋이[해도지], 같이[가치] 된소리: ㄲ, ㄸ, ㅃ, ㅆ, ㅉ 모음동화: 역행모음동화 음운의 축약: 이렇게[이러케] 음운의 탈락: 솔+나무 → 소나무 사잇소리: 초점[초쩜]

그렇다면 어떻게 해야 할까?

해결책은 기출문제 분석과 오답 정리에 있다. 고대·중세·현대 문법 부분이 많고 어렵긴 하지만 문제로 출제되는 유형은 한정적이다. 따라서 최소한 최근 3년 동안 출제된 수능모의고사 문제 중 문법에 관련된 부분을 정리해 기출문제 분석 노트로 만들어 공부하면 좋다. 앞에서 중학교 때 배운 문법 사항을 정리한 자신만의 노트를 만들라고 했던 것처럼, 고등학교 때 배우는 고대·중세·현대 문법도 기출문제 분석 노트라는 형식으로 만들어 필요할 때마다 반복 학습하라는 것이다.

끝으로 다시 한 번 강조하지만, 국어 문법 나이에서 가장 중요한 것은 중학교 때 배우는 문법 사항을 제대로 이해하고 숙지하는 것이다. 문법이 부족한 고등학생이라면 중학교 국어 교과서에 나오는 문법부터 먼저 정리하고, 여기까지 다 해결된 학생이라면 수능 기출문제 분석 노트로 실력을 다지도록 하자.

국어 실력 나이

02

1. 독해력, 국어 공부에서 가장 기본이 되는 능력

독해력 나이 진단

포퍼에 따르면, 지금 우리가 받아들이는 과학적 지식들은 이런 반증의 시도로부터 잘 견뎌 온 것들이다. 참신하고 대담한 가설을 제시하고 그것이 거짓이라는 증거를 제시하려는 노력을 진행해서, 실제로 반증이 되면 실패한 과학적 지식이 되지만 수많은 반증의 시도로부터 끝까지 살아남으면 성공적인 과학적 지식이 되는 것이다. 그런데 포퍼는 반증 가능성이 없는 지식, 곧 아무리 반증을 해 보려 해도 경험적인 반증이 아예 불가능한 지식은 과학적 지식이 될 수 없다고 비판한다. 가령 '관찰할 수 없고 찾아낼 수 없는 힘이 항상 존재한다'처럼 경험적으로 반박할 수 있는 사례를 생각할 수 없는 주장이 그것이다.

글을 읽어도 도무지 무슨 말인지 모르겠어서, 선생님의 설명을 들어야 그나마 이해가 됐던 경험이 있을 것이다. 분명 개개 단어와 용어는 모두

들어본 적이 있는 것들인데, 그것들로 구성된 지문의 내용은 잘 이해되지 않아 멍해지거나 문제를 풀려는 순간 지문 내용이 생각나지 않아 다시 읽어야 했던 경험도 있을 것이다. 만약 그렇다면 자신의 독해력을 한번 의심해봐야 한다.

국어에서 독해력이란 글의 전체 흐름을 이해하고 정리할 수 있는 능력을 말한다. 쉬운 예를 들면 소설이나 영화를 보고 줄거리를 정리해서 이야기할 수 있는 능력을 말한다. 분명 좋아하는 장르라서 재미있게 읽었음에도 줄거리가 잘 정리되질 않고, 주요 사건이나 등장인물에 대해 제대로 이야기할 수 없다면 독해력을 점검할 필요가 있다. 그리고 줄거리는 소설에만 있는 것이 아니다. 시를 비롯한 다른 지문들에서도 나름의 줄거리를 찾아낼 수 있다.

하지만 독해력을 단순히 줄거리 정리 능력이라고 생각해서는 안 된다. 논설문이나 설명문에 제시된 정보의 사실 관계를 명확히 이해하는 능력도 독해력에 해당한다. 또한 글의 흐름은 이해했지만 주요 내용이나 핵심어 등을 도출해내지 못한다면, 이 역시 독해력이 부족한 것으로 봐야 한다.

본격적인 국어 학습에서 독해력은 단언컨대 가장 '기본'이 되는 능력이다. 국어시험에서 한 지문에 보통 서너 개의 문제들이 연계돼 출제되는데, 이때 가장 먼저 나오는 문항이 바로 '사실 관계 확인'에 해당하는 독해력 문제다. 쉽게 말해 학생들에게 "이 지문에 어떤 내용이 나오는지 아나요?" 하며 기본을 묻는 것이다. 이는 해당 지문을 분석하고 추론하기 전에 반드시 독해가 이루어져야 한다는 학습의 흐름과도 일맥상통한다.

독해력은 지문에 나오는 '사실 정보'를 정리하는 능력이므로, 이 능력이 뒷받침돼야 더 많은 정보를 습득할 수가 있다. 특히 요즘처럼 정보가 홍수처럼 쏟아지는 시대에는 특정 정보가 어떤 내용을 담고 있는지 이해할 수 있어야 하기 때문에 독해력이 더욱 중요시된다. 만약 독해력이 부족하면 정보 습득을 편파적으로 하기 쉽다.

그렇다면 독해력 나이를 제대로 진단하기 위해서는 어떻게 해야 할까? 우선 독해력이 부족한 학생들은 국어 학습에서 다음과 같은 문제점을 보이니 점검해보도록 하자.

❶ 글의 흐름을 말하지 못한다

문학 작품이라면 줄거리를 말하지 못하고, 글의 전체 흐름에 대한 이해가 부족하다. 여기서 말하는 '흐름에 대한 이해'란 무척 세밀한 내용까지 술술 읊을 수 있는 능력을 말하는 것이 아니다. 김동인의 〈감자〉를 읽었다면 주인공인 '복녀'가 어떤 사건의 흐름 속에서 죽었는지 정도는 이야기할 수 있어야 한다는 것이다. 이야기를 하다가 사건의 발단을 말하지 못하거나 중간 흐름을 자연스럽게 잇지 못하면 독해력에 문제가 있는 것이다.

❷ 사건이나 이야기의 전후를 제대로 이해하지 못한다

김유정의 〈동백꽃〉을 예로 들어보자. 이 소설은 사건이 역행적으로 구성돼 있다. 다시 말해 추보식으로 구성돼 있지 않기 때문에 소설을 읽으면서 사건이 일어난 순서를 스스로 정리해내야 한다. 하지만 독해력이 부족하면 이를 제대로 수행해내기 어렵다. 그 결과 소설의 전체 흐름 파악에도 어려움을 느낀다.

❸ 설명문이나 논설문에서 사실 관계를 정확히 정리하지 못한다

이런 글들에서는 반대되는 의견이나 내용을 제시함으로써 주장하고자 하는 바를 더욱 강조하고 글의 완결성을 높인다. 이때 제시된 의견이나 주장들의 사실 관계를 정확히 정리해내지 못하면 글의 주제까지도 헷갈리게 된다.

❹ 읽은 문장이나 단락의 내용을 남에게 설명하지 못한다

독해력이 부족한 학생들이 보이는 가장 큰 특징은 방금 전에 읽었는데도 글의 내용을 제대로 설명하지 못한다는 것이다. 대개 "그러니까, 음… 말로는 설명 못하겠는데…, 에이 그거 있잖아" 하는 식으로 얼버무린다.

❺ 문제집에서 본문 내용을 묻는 문제를 자꾸 틀린다

다음과 같이 본문 내용을 묻는 문제 10개 중 7개 이상은 맞힐 수 있어야 독해력에 큰 문제가 없다고 볼 수 있다.

_ 위 지문에 제시된 내용으로 알맞지 않은 것은?

_ 위 제시문에서 언급되지 않은 내용으로 짝지어진 것은?

_ 위 내용과 일치하지 않는 것은?

자, 그렇다면 위에서 말한 독해력 나이 체크 포인트를 점검해볼 수 있는 문제 유형들로는 어떤 것들이 있는지 살펴보자. 자신의 학년에 맞지 않는 문제들이라면 각자 가지고 있는 문제집에서 같은 유형의 문제를 풀어보도록 하자.

예제 1 | 다음 글의 내용과 일치하지 않는 것은?

> (가) 오늘날 왼손잡이에 대하여 연구한 학자들 대부분은, 왼손잡이는 유전적인 요인에 의하여 결정되고 형성되며, 특히 뇌의 발달이나 구조와 밀접한 관계가 있다고 말하고 있습니다. 그리고 어느 한쪽을 선호하는 현상은 인간에게만 나타나는 현상이 아니며, 식물이나 동물에서도 찾아볼 수 있는 일반적인 현상이라고 설명하고 있습니다.
>
> (나) 그럼에도 불구하고 인류의 역사에서 오랫동안 '왼손잡이'라는 말에는 부정적인 의미가 부여되어 왔습니다. 왼손잡이에 대한 관습화된 생각이나 표현은 왼손잡이를 억압하는 굴레로 작용하고 있습니다. 이러한 현상은 어느 시대, 어느 지역을 막론하고 보편적인 현상이었습니다. 특히, 우리나라는 오른쪽과 오른손잡이를 선호하는 문화가 더욱 강해서, 왼손잡이는 오른손잡이가 되도록 사회로부터 무언의 압력을 받아 왔습니다.
>
> (다) 그러나 이제 미국, 캐나다, 영국, 독일 등에서는 왼손잡이를 억압하고 오른손 사용을 강요하는 부모나 교사들이 없다고 합니다. 유치원이나 초등학교에서 왼손잡이는 왼손을 사용하고, 오른손잡이는 오른손을 사용하는 것을 당연하게 여기고 있습니다.
>
> (라) 왼손잡이는 장애가 아닙니다. 오히려 왼손잡이에 대한 억압과 편견, 고정 관념이 장애입니다.

① 왼손잡이는 유전적인 요인에 의하여 결정되고 형성된다고 한다.

② 왼손잡이는 습관에 의한 것이므로 노력하면 얼마든지 고칠 수 있다.

③ 미국, 캐나다, 영국, 독일 등에는 오른손 사용을 강요하는 부모나 교사들이 없다고 한다.

④ 우리나라는 오른손잡이를 선호하는 문화가 강하다.

⑤ 왼손잡이는 인류의 역사에서 오랫동안 부정적인 의미로 사용되어 왔다.

예제 2 | (가)~(마)를 요약한 것으로 적절하지 않은 것은?

(가) 지난 일요일, 우리 가족은 해미 읍성에 가 보았다. 가는 길에는 차창 밖으로 넓은 들판이 시원하게 펼쳐져 있었다. 나는 빨리 해미 읍성을 보고 싶었다. 들판에 있는 작은 읍성이 어떤 모습일지 궁금하였기 때문이다.

(나) 해미는 충청남도 서산시에 있는 작은 시골 면이다. 그리고 조선 시대에는 호서좌영이 있던 큰 고을이었다. 해미라는 이름은 조선 태종 때 정해현과 여미현을 합하면서 두 현의 이름에서 한 자씩 따서 지어졌다고 한다.

(다) 읍성은 군사적, 행정적으로 중요한 곳에 설치되었다. 읍성은 주민의 주거 지역인 평지에 설치되어 외부의 침입으로부터 지역을 방어하는 기능을 하였다. 또, 읍성은 그 안에 지역을 다스리는 행정 기관들이 설치되어 있어서 주민들의 생활 중심지가 되기도 하였다.

(라) 조선 시대에는 190여 곳에 읍성이 설치되어 있었다고 한다. 그 중에서도 해미 읍성은 고창 읍성과 더불어 원래의 모습이 잘 보존되어 있는 읍성으로 꼽힌다. 해미 읍성의 성벽은 돌로 쌓은 것으로, 높이가 5미터, 두께가 2미터, 둘레가 1.8킬로미터쯤 되는데, 보존 상태가 좋은 편이다. 또, 성문이나 망루도 옛 모습을 간직하고 있다.

(마) 해미 읍성의 남문인 진남문에 올라 보니 주위의 풍경이 한눈에 들어왔다. 남북으로 긴 타원형으로 된 성곽이 둘러 있고, 성벽 밖으로 네모지게 쌓아진 치도 볼 수 있었다. 치는 성벽에서 적의 접근을 빨리 관측하고 성벽에 접근하는 적을 정면 또는 측면에서 격퇴할 수 있도록 성벽의 일부를 돌출시켜 쌓은 구조물이다.

① (가) 해미 읍성에 대한 사전 조사

② (나) 해미의 위치와 역사

③ (다) 읍성의 설치 조건과 기능

④ (라) 해미 읍성의 보존 상태

⑤ (마) 진남문에서 본 주위 풍경

예제 3 | (가)와 (나)에 대한 설명으로 적절하지 않은 것은?

(가) 엿은 밥을 짓는 것으로 시작해 알맞은 물로 진득진득하게 고아 낼 때까지 온갖 정성을 들여 만들어야 한다. 엿을 만들기 위해서는 쌀, 옥수수, 조, 고구마 등으로 알맞게 밥을 지어야 한다. 밥이 다 되면 보리의 싹을 내서 말린 엿기름과 물을 함께 넣어 삭힌 뒤 은근한 겻물로 끓인다. 적당한 시간이 흘러 밥이 물처럼 되면 자루에 넣어 물만 짜낸 뒤 이 물을 솥에서 오랜 시간 고아 준다. 이것을 엿물이라고 하는데 적당히 고아 진득진득해지면 조청 상태로 두어 먹기도 하고 이를 굳혀 갱엿을 만들거나 적당히 굳은 것을 늘여 가락엿을 만들어 먹기도 한다.
(나) 가락엿이 제대로 만들어지지 않았다면 가락엿을 만드는 재료나 만드는 과정에 문제가 있었기 때문이다. 우선 엿을 만드는 재료가 나쁘다면 맛있는 엿을 만들기 어렵다. 엿밥을 짓는 재료가 좋아야 할 뿐만 아니라 물과 엿기름이 좋아야 발효가 잘된다. 다음으로 엿밥은 이물질이 섞여 나오지 않도록 고운 자루에 넣어 천천히 짜내야 한다. 엿기름으로 엿밥을 식힐 때는 온도와 시간을 잘 맞추어 주어야 한다. 그리고 가락엿을 만들 때도 적당하게 굳은 상태에서 늘여야 하며 밀가루를 잘 묻혀 손에 달라붙지 않게 해야 한다.

① (가)는 시간적 순서를 기준으로 나누어 분석하고 있다.

② (가)는 엿을 만드는 방법에 대한 내용을 담고 있다.

③ (가)는 서술 과정에서 빠진 부분이 없이 체계적으로 설명하였다.

④ (나)는 엿이 잘못 만들어진 이유에 대해 쓴 글이다.

⑤ (나)는 현상에 대한 원인을 기준으로 분석하고 있다.

위에서 제시한 예제처럼 제목을 찾아보거나, 글의 목적 내지 순서를

찾아보거나, 내용과 통일성 있는 문장을 넣어보거나, 중심내용·세부정
보·문맥적 의미 등을 찾아보거나, 내용과 일치하는 것을 골라보는 형태
로 문제화해 진단할 수 있다. 진단 결과가 좋지 않은가? 그럼 다음에 제
시하는 처방에 따라 독해력 나이를 높여보자.

우선 실전 학습 방법을 알아보기 전에 본인의 독해력이 어느 정도인지
파악하는 것이 중요하다. 보통 기본 실력을 갖춘 학생이라면 문장 단위
의 이해는 크게 어렵지 않다. 하지만 간혹 문제가 되는 경우는 어려운 수
학 관련 내용이 들어간 문장, 과학적 이해가 필요한 문장 등이다. 해당
분야에 대한 기초 지식이 없는 상태에서 문장 자체만을 두고 이해하려면
상당한 어려움을 겪을 수밖에 없다. 이때는 글에서 자신이 모르는 그 주
제에 대해 설명해주는 부분(분명히 지문 안에 이런 부분이 나온다)이나 해당
주제와 관련해 제시해놓은 예시문을 통해 이해해내는 능력이 필요하다.
아무튼 이런 경우를 포함해, 독해력 나이를 높이기 위해서는 아래와 같
은 몇 가지 처방이 필요하다.

❶ 읽은 글을 '보지 않고' 핵심 구조 정리하기

초보적인 수준에서 할 수 있는 가장 좋은 방법은 무엇보다 글을 읽은
후에 그것을 '보지 않고' 핵심 내용이나 구조를 써보는 훈련을 하는 것이
다. 이 훈련의 핵심은 읽은 글을 다시 보지 않으면서 써보는 데 있다. 자
꾸 글을 들춰보면 아무런 도움이 되지 않는다. 만약 핵심 구조를 정리하

66

다 막히는 경험을 반복하게 되면, 다음번에는 좀 더 집중해서 글을 읽게 된다. 완벽하게 정리해낼 때까지 이 과정을 반복해보는 게 좋은데, 훈련 결과 반복 횟수가 줄어들면 독해력이 향상되고 있는 것이다.

❷ 자습서에 나오는 '핵심 정리' 툴 활용하기

독해력이 부족해도 너무 부족한 학생의 경우 무작정 글의 핵심과 구조를 정리해보라고 하면 막막해할 뿐 아니라 아무런 성과도 얻지 못할 수도 있다. 이 경우, 훈련 초반에는 자습서에 나오는 '글 요약 및 정리' 툴을 활용해보는 것이 좋다. 국어 자습서에는 흔히 '글의 종류/글의 짜임/글의 특징' 등 해당 글을 읽으면서 반드시 정리해야 하는 내용을 짚어주는 부분이 있다. 이를 차용해 노트에 빈 양식을 만든 후, 글을 읽은 다음 빈칸을 채우는 식으로 정리하는 연습을 해보자.

❸ 문제집 바로 풀기

하지만 독해력 향상 기초 단계를 벗어난 학생들에게는 위 방법이 약간 시간 낭비로 보일 수 있다. 이런 학생들에게는 문제집을 바로 푸는 방법을 추천하고 싶다. 대개 학생들이 국어 공부를 할 때 문제집을 푸는 단계는 언제일까? 평상시에는 거의 풀지 않는다. 약 80% 이상이 시험 2주 전 정도에 문제 풀이를 시작한다. 즉, 자신이 학교에서 진도를 나가며 배운 내용을 얼마나 잘 알고 있는지 문제를 풀면서 확인하는 것이다. 이러한 공부 방법을 계속 적용할 경우 중학교 때까지는 큰 무리가 없으나 고등학교 진학 후에는 커다란 어려움에 봉착하게 된다. 자신이 공부한 방식대로 시험 문제가 출제되지 않기 때문이다. 특히 모의고사를 보게 되면 내신 시험 때보다 훨씬 큰 점수 하락을 경험하게 된다.

교과서 공부를 모두 마친 후 문제를 풀 경우 독해력 향상에 별로 도움이 안 되는 까닭은 무엇일까? 자신의 생각과 독해력을 바탕으로 문제를 푸는 것이 아니라 교과 진도를 나가며 선생님에게 들은 설명을 바탕으로 문제를 풀기 때문이다. 그러므로 이제부터는 새로운 단원에 들어가기 전에 해당 범위의 문제들을 풀어보자. 이는 현실적으로 국어 독해력 향상을 위해 별도의 시간을 투자할 여유가 많지 않은 학생들이 택할 수 있는 효율적인 학습법 가운데 하나다. 이렇게 자기 힘으로 글을 읽고 문제를 풀면, 자신에게 어려운 부분이 무엇인지 알 수 있고 이를 해결하기 위해서라도 수업시간에 집중해서 듣게 된다.

❹ '사실적 이해'를 묻는 문제 연습하기

독해력은 뛰어난 편인데, 실전 문제에서 자꾸 실수하는 학생들이 있다. 이 경우에는 수능에서 내용 일치, 즉 '사실적 이해'를 묻는 문제들을 자꾸 연습해보는 것이 좋다. 독해력 문제 풀이 능력을 향상시키고자 하는 것이기 때문에 그에 해당하는 문제만 몰아서 풀어보는 게 좋다. 기왕 지문을 읽은 김에 다른 유형 문제들도 풀어보려는 욕심이 생기겠지만, 그러기보다는 '사실적 이해'를 묻는 문제들만 집중적으로 풀어보도록 하자. 특히 이런 유형의 문제를 풀 때에는 선택지의 내용을 제시문의 어느 부분에서 확인할 수 있는지 꼼꼼히 따져보며 풀이하는 연습이 필요하다. 단순히 '아, 지문에 나왔던 것 같아!' 하는 식의 학습법은 지양해야 하며, 몇 번째 단락 몇 번째 줄에서 해당 내용을 확인할 수 있는지 정확히 짚어가며 문제를 풀도록 하자. 이렇게 내용 확인이 정확하게 이루어지면, 덤으로 뒤에 나올 분석력이나 추론력 향상을 위한 초석을 다질 수 있게 된다.

2. 분석력, 비문학 실력의 척도

분석력 나이 진단

지문에서 대체로 뭘 이야기하는지는 알겠는데 복잡한 논리 구조는 파악하기 어려웠던 적이 있는가? 그래서 글의 논리 구조는 덮어두고 그냥 넘어갔던 경험이 있는가? 또 주장과 근거를 구별해내는 일에 어려움을 느꼈던 적이 있는가? 만약 그렇다면 분석력이 부족한 것이다.

국어에서 분석력 측정이란 독해력이 있다는 전제하에 글의 논리 구조를 파악할 수 있는지 알아보는 것이다. 분석력 체크 리스트를 좀 더 자세히 분류하면 아래와 같다.

❶ 정보를 종합해 비교 및 해석하고, 글 전체 내용과 표현을 평가할 수 있는가.
❷ 제시된 글의 전제 조건을 문장 속에서 찾아내 전제와 본론을 구별하고 이해할 수 있는가.
❸ 글에서 주장하는 바가 정확히 무엇이고, 이를 설득하기 위해 어떤 근거를 제시했는지, 왜 이러저러한 표현과 기술 방법을 도입했는지 이해할 수 있는가.

다시 말해 글을 읽을 때 겉으로 드러난 내용을 파악하는 데서 그치지 않고, 글에 담긴 속뜻과 의도를 구조적으로 평가하고 이해하는 능력이 바로 분석력이다. 주로 논설문이나 설명문 같은 비문학을 읽을 때 요구되는 능력이다.

단순히 글의 흐름을 파악했다고 해서 글쓴이가 말하고자 하는 바를 완벽히 이해했다고 볼 수는 없다. 지문을 읽고 나서 대강은 알겠는데 정확히 어떤 이야기인지 정리하기 어렵다고 느낀 적이 있을 것이다. 그렇다면 분석적 이해가 부족한 것이다.

분석력 나이는 어떻게 측정할 수 있을까? 그리고 분석력이 부족한 학생들은 학습할 때 어떤 현상을 보일까? 다음에 제시하는 특징들을 잘 살펴보고 자신의 분석력 나이를 진단해보자.

❶ 글의 논리적 흐름을 잘 파악하지 못한다
여기서 말하는 논리적 흐름이란 글의 핵심 주장과 근거를 말한다. 이

를 글에서 명확히 구분해내지 못하면 분석력이 부족한 것이다. 주장과 근거를 뒤바꾸어 이해하거나, 주장에 대한 근거를 잘못 연결 지으면 결과적으로 글 전체를 잘못 이해할 수도 있다.

❷ 글의 설명 방법을 제대로 구분하지 못한다

분석력이 부족하면 글에서 구사하는 설명 방법을 제대로 구분하지 못하고, 해당 설명 방법이 전체 글에서 어떤 역할을 하는지도 파악하지 못한다. 내용을 보다 쉽게 이해시키기 위해 활용되는 설명 방법의 역할을 제대로 이해하지 못하면, 결과적으로 글의 전체 구조를 파악하기가 어려워진다.

❸ 글을 단편적으로만 이해한다

글을 표면적·단편적으로만 이해했음에도 모두 이해했다는 착각에 빠질 수 있다. 간혹 시험에서 제시하는 논설문이나 설명문 중에는 특별한 전제를 기반으로 글을 전개해 나가는 경우가 있다. 이때는 글 속에 숨어 있는 논리를 찾아내야 하는데, 이는 독해력만으로는 파악하기가 어렵다. 따라서 분석력이 부족할 경우 시험 문제 풀이도 정확한 이해 없이 주먹구구식으로 할 가능성이 커진다.

❹ 문제집에서 다음과 같은 유형의 문제를 자꾸 틀린다

_ 윗글의 설명 방식으로 가장 적절한 것은?

_ 윗글을 통해 알 수 있는 내용으로 적절하지 않은 것은?

_ 윗글을 통해 알 수 있는 것은?

이러한 문제들은 얼핏 보기에 단순 사실 관계를 묻는 것처럼 보일 수 있으나, 실제로는 해당 지문을 정확히 분석할 수 있는지를 파악하는 문제들이다. 종종 이런 문제들을 접한 후 '지문에 안 나온다'고 의문을 제기하는 학생들도 있다. 이는 표면에 드러나지 않는 전제나 내용을 분석적으로 파악하지 못했다는 증거다.

아직도 감이 잡히지 않는가? 그럼 실전 사례들을 통해 분석력 나이를 어떻게 측정하면 좋을지 감을 잡기 바란다. 앞선 예제들에서와 마찬가지로 자기 학년에 맞는 문제집에서 같은 유형의 문제들을 풀어봐도 된다.

예제 1 | (가)~(다)에서 설명한 내용과 그에 사용된 설명 방식이 <u>잘못</u> 연결된 것은?

(가) 대한민국 국민이라면 누구나 한번쯤 간식으로 떡볶이를 먹어 본 경험이 있을 것입니다. 뜨겁고 매콤한 떡볶이는 날씨가 추워질수록 더 생각나는 음식입니다. 떡볶이란 토막 낸 떡에 쇠고기와 여러 가지 채소를 넣고 갖은 양념을 하여 볶은 음식을 뜻합니다. 떡볶이를 만들기 위해 준비해야 할 재료는 떡 400g, 양파 반 개, 고구마 중간 크기 1개, 어묵 250g, 라면입니다.

(나) 떡볶이를 만드는 것은 순서에 따라 육수를 내는 과정과 떡볶이를 만드는 과정으로 나눌 수 있습니다. 우선 육수를 만들기 위해 냄비에 물을 넉넉히 붓고 무와 다시마를 넣고 끓입니다. 다시마는 물이 끓으면 바로 꺼내고 무가 푹 무를 때까지 끓입니다. 이 물을 기본 육수로 사용하게 되는데 무가 끓으면서 맛있는 육수가 만들어지기 때문에 그냥 물로 끓이는 것보다 떡볶이가 더 감칠맛이 나면서 매콤하게 느껴지게 됩니다.

(다) 마지막으로 떡볶이를 만들 때에는 몇 가지 주의해야 할 점이 있습니다.

> 첫째, 떡볶이를 만들 떡이 냉동실에 있었다면 미리 꺼내 물에 담가 두어야 합니다. 그렇지 않으면 떡이 익는 데 너무 오래 걸려 재료들의 상태가 뒤죽박죽되어 맛이 이상해집니다.
>
> 둘째, 재료 중 야채는 개인의 기호에 따라 넣고 뺄 수 있습니다. 양배추나 당근을 넣어도 되고, 고구마나 양파가 없다면 넣지 않아도 됩니다. 하지만 육수는 꼭 무를 넣어 만들어야 맛이 제대로 나기 때문에 무는 반드시 준비하는 게 좋습니다.

① (가): 떡볶이의 뜻 → 정의

② (가): 떡볶이의 재료 → 열거

③ (나): 떡볶이를 만드는 과정 → 분류

④ (나): 떡볶이 육수로 무와 다시마를 이용하는 이유 → 인과

⑤ (다): 떡볶이를 만들 때 주의할 점 → 대조

예제 2 | 다음 〈보기〉와 같은 짜임으로 이루어진 글은?

> 싼 중국산 한약재가 밀려들어 오면서 우리 한약재의 생산 기반이 무너질 위기에 처했다. 이를 해결하기 위해서는 우리 한약재를 고급화하고 그 우수성을 체계적으로 홍보하는 한편, 생산 원가를 낮추어 국제 경쟁력을 높여야 한다.

① 바다풀의 숲은 많은 바다 동물들의 보금자리이면서, 그들의 먹이이기도 하다. 이것은 땅 위의 숲이 많은 동물들에게 휴식과 먹이를 제공하는 것과 비슷하다.

② 차별받는 사람은 사회에 온전하게 참여할 수 없게 된다. 예를 들면, 여성들은 해고의 우선순위가 되는 경우도 있고, 승진의 기회가 제한되는 경우도 많다.

③ 독일의 한 철학자는 웃음에 담긴 의미를 몇 가지로 나누었다. 건강을 위한 웃음, 일상생활에서 원활한 교류를 위한 웃음, 사랑의 표현으로서의 웃음 등이다.

④ 시는 가락이 느껴지는 말을 사용하여 노래를 부르는 듯한 느낌을 준다. 하지만 산문은 줄글과 대화 글을 사용하여 이야기를 듣는 듯한 느낌을 준다.

⑤ 사소한 실수 때문에 발생한 화재의 피해가 너무 크다. 그것을 예방하기 위해서는 아무리 작은 불이라도 신중하게 다루고 안전 수칙을 잘 지켜야 한다.

예제 3 | (가)~(다)에서 글쓴이가 내용을 전개하는 방법은?

(가) 다음과 같은 점을 염두에 두고 개발한다면 한지 문화는 더욱 발전하고 널리 알려질 것이다. 첫째, 품질의 수준을 높여야 한다. 세계화 시대에 한지가 경쟁력을 갖추려면 우리의 강점을 십분 발휘할 수 있는 전통 한지를 다시 계승하여 특화시켜야 한다. 한지가 지니는 강인함과 독특한 특성을 바탕으로 고급지를 개발하고, 이런 제품에 많은 사람들이 흥미를 가지도록 해야 한다.

(나) 둘째, 교육적으로 사용할 수 있는 제품을 만들어야 한다. 미술 시간에 꽃잎, 종이 인형 등 재미있는 한지 만들기를 하면 전통 재료에 대해 새롭게 인식시킬 수 있다. 박물관에서 한지를 관람하는 현장 체험을 통해 학생들에게 전통에 대한 새로운 느낌을 갖게 하는 것도 중요하다.

(다) 문화는 그것을 쓰고 즐기는 사람의 것이다. 앞에서 말한 현실 문제를 극복하고 전통문화를 계승하여 산업화시킨다면 한지 문화를 더욱 발전시킬 수 있을 것이다. 우리가 한지를 아끼고 관심을 가지고 써야만 우수한 한지 문화가 후대에까지 전해져 새로운 한지 문화를 만들 수 있을 것이다

① 다른 나라와의 비교를 통해 내용을 전개한다.

② 자세하고 알기 쉽게 대상의 뜻을 풀이하고 있다.

③ 문제점을 진단한 후 그에 대한 해결책을 제시하고 있다.

④ 현상의 원인과 결과를 나누어 설명한 후 주장을 제시하고 있다.

⑤ 제재에 대한 개인의 감상을 바탕으로 깨달음을 전달하고 있다.

어떤가? 독해력 나이 진단 때와는 확 다른 느낌이 들 것이다. 쉽게 말해 문제의 차원이 달라졌다. 단순 사실 확인이 아니라 글에 대한 좀 더 깊은 이해를 요구한다. 이쯤 되면 단어, 용어, 문법, 독해력 나이 때까지와 달리 당혹감을 느끼는 학생들이 늘어날 것이다. 하지만 그럴 필요 없다. 진단을 했으니, 이제는 처방을 통해 부족한 부분을 보충하면 된다.

분석력 나이 처방   설명문과 논설문 분석을 위한 핵심 체크

앞에서 분석력은 주로 비문학의 비판적 독해에 필요한 능력이라고 말했다. 국어에서 다루는 대표적인 비문학 글들은 설명문과 논설문이다. 그러면 이들 각각에서 분석력 나이를 높이는 방법은 무엇일까? 먼저 설명문부터 살펴보자.

❶ 설명문을 읽을 때 파악해야 할 핵심 체크

❶ 설명하는 대상

❷ 설명 내용의 객관성

❸ 대상을 설명하는 내용 전개 방식

❹ 글 중간의 지시어가 가리키는 내용

❺ 접속어가 나왔을 때 그 전후 내용의 전개 양상

첫째, 설명문을 읽을 때 가장 먼저 확인해야 할 것은 글쓴이가 '무엇'에 대해서 설명하고 있느냐이다. 그냥 무턱대고 읽으면, 글쓴이가 주제를 쉽게 설명하기 위해 제시한 다양한 예시들 사이에서 정작 핵심이 되는 것이 무엇인지 찾지 못해 글을 읽는 방향을 상실하기 쉽다. 따라서 설명 문을 읽을 때는 반드시 설명하고자 하는 대상이 무엇인지 명확히 한 뒤 분석하자.

둘째, 설명 대상을 알았으면 이제는 설명 내용이 객관적인지 파악해야 한다. 간혹 자신이 아는 지식과 제시문의 내용이 일치하지 않는 경우, 지 문에 제시된 내용을 묻는 분석 문제를 자신의 잣대대로 푸는 학생들이 있 다. 이런 학생들은 대부분 설명하고 있는 대상에 대한 서술의 객관성을 지문의 맥락 안에서 충분히 검토하지 않는다. 지문의 내용을 단편적으로 파악한 뒤 자기 생각대로 문제를 푸는 것이다. 앞뒤 문장, 앞뒤 단락의 내용을 연결해서 충분히 읽어보는 습관을 들이도록 하자.

셋째, 대상을 설명하는 방법, 즉 내용 전개 방식이 어떤지 파악하자. 내 용 전개 방식에 대한 이해가 높을수록 글의 내용을 잘 이해할 수 있다. 이 를테면 익숙하지 않은 과학 용어나 어려운 이론에 대한 설명 도중 '예를 들어'나 '이와 비슷한 경우로' 등과 같은 접속어가 나타날 때가 있다. 이 들은 내용 전개 방식을 알려주는 접속어들로, 이런 말들이 나오면 뒤에 '좀 더 쉽게 풀어 쓴 설명'이 나올 것이라고 예측할 수 있다. 즉 내용 전개 방식을 파악함으로써 글에서 말하고자 하는 바를 좀 더 쉽게 이해할 수 있는 것이다. 따라서 이를 잘 활용할 필요가 있는데, 가장 많이 등장하는 전개 방식으로는 예시, 비교 및 대조, 분류, 분석 등이 있다.

예시 방식으로 글이 전개될 때는 지문의 내용이 잘 파악되지 않을 경우 예시에 해당하는 부분을 찾아 해석함으로써 이해도를 높일 수 있다. 비 교 방식의 글 전개에서는 먼저 글쓴이가 말하고자 하는 대상에 초점을 맞춘 다음 기타 비교 대상에 대한 내용을 살펴봐야 하고, 대조의 경우에는 대조 내용을 설명하고자 하는 대상에 대한 해설로 오인하지 않도록 유의해야 한다. 분류 방식의 글 전개에서는 다양한 대상들 속에서 어떤 기준으로 설명 대상에 대한 구분이 이루어졌는지 확인해야 하며, 분석 방식에서는 분석 내용이 설명하고자 하는 대상의 속성에 해당하는지를 확인해야 한다.

넷째, 글 중간에 등장하는 지시어가 정확히 무엇을 가리키는지 파악해야 한다. '앞선 내용에서' 또는 '이런/그런'이란 문구가 가리키는 것이 정확히 무엇인지 파악해 전체 글의 짜임을 제대로 이해할 수 있도록 하자.

다섯째, 긴 글을 읽을 때에는 접속어에 유의하며 읽도록 하자. 특히 내용 전환을 예고하는 '그런데'나 반대되는 주장을 예고하는 '그러나'와 같은 접속어가 나오면, 접속어를 중심으로 앞뒤 내용이 어떻게 다른지 파악할 필요가 있다.

❷ 논설문을 읽을 때 파악해야 할 핵심 체크

❶ 글쓴이의 주장

❷ 주장에 대한 근거 확인: 근거가 사실에 입각한 것인지 글쓴이의 의견인지 구분

❸ 주장에 대한 근거의 타당성

❹ 주장을 개진하기 위한 논리 전개 방식

❺ 주장의 오류 여부 및 오류의 종류 판단

첫째, 논설문도 설명문의 경우와 마찬가지로 가장 먼저 글쓴이가 무엇

에 대해 말하고 있는지, 어떤 이야기를 주장하고 있는지 파악해야 한다.

둘째, 글쓴이가 자신의 주장을 뒷받침할 근거로 무엇을 제시했는지 정리해야 한다. 이때 제시한 근거가 사실에 입각한 것인지 단지 글쓴이의 의견인지 구분해야 한다.

셋째, 주장에 대한 근거가 타당한지 여부를 판단해야 한다. '사실 근거'는 주장에 적합한지, '의견 근거'는 논리적으로 타당한지 살펴보도록 한다.

위에 나온 두 번째와 세 번째 단계가 논설문을 읽을 때 가장 많은 분석력이 요구되는 부분이다.

넷째, 글의 논리 전개 방식을 파악해야 한다. 이는 논설문에서 학생들이 가장 어려워하는 부분이다. 크게 귀납/연역/변증법적 논리 전개로 구분할 수 있는데, 그중 귀납과 연역을 구분하는 방법은 생각보다 어렵지 않다. 개별 근거들을 토대로 주장을 제시할 경우 귀납, 주장을 먼저 제시하고 그에 맞는 사례나 근거를 들 경우 연역이라고 구분하면 된다.

예를 들어 누군가 전 세계에 서식하는 까마귀들의 색깔을 예로 들며 "모든 까마귀는 검다"라고 주장한다면 이는 귀납에 해당한다. 그런데 만약 미래의 어느 날 지구상에서 흰 까마귀가 발견되면 그의 주장은 틀린 것이 된다. 따라서 귀납은 근거들이 주장을 확증할 만큼 충분해야 신빙성이 높아진다. 이에 비해 연역은 누구나 동의할 수 있는 대전제를 기반으로 논리가 전개되기 때문에 대전제가 틀릴 경우 글쓴이의 주장 자체의 근간이 흔들리게 된다. 따라서 글쓴이가 처음부터 옳지 않은 전제를 기반으로 논리를 전개하게 되면 오류를 범하게 된다. 이러한 부분까지도 정리해낼 수 있어야 논설문에 대해 정확히 분석했다고 할 수 있다.

이제 어떻게 해야 설명문과 논설문을 제대로 이해하고, 분석력 나이를 높일 수 있는지 알겠는가. 하지만 위에서 제시한 방법들을 단번에 익히기는 쉽지 않다. 처음에는 자습서를 이용해 훈련하는 것도 좋은 방법이다. 시중에 나와 있는 국어 자습서를 보면 설명문이나 논설문을 분석한 내용들이 실려 있다. 이를 복사해 분석 내용 중 핵심이 되는 부분을 화이트로 지워가면서 읽어보자. 그렇게 한 주간 또는 한 단원의 학습이 끝나면 다시 한 번 지문을 읽으면서 화이트로 지웠던 부분을 채워보고 맞았는지 확인해보자. 이 방법으로 20여 개 이상 지문을 익히고 나면, 어떤 방식으로 지문을 분석해야 하는지 '눈'이 트이기 시작할 것이다. 그러면 자습서를 복사하지 않고도 스스로 정리할 수 있는 힘이 생긴다.

3. 감상력, 문학 작품을 해석하는 눈

감상력 나이 진단

처음 읽어보는 시의 주제나 운율을 파악할 수 있는가? 그 시의 시적 화자를 찾아내고, 시어가 가진 함축적 의미를 파악할 수 있는가? 더 나아가 시에서 느껴지는 심상을 말이나 글로 기술할 수 있는가? 또 처음 읽는 소설의 내용을 토대로 등장인물들의 성격을 파악할 수 있는가? 그들이 소설에서 갈등하는 원인과 구조를 파악하고, 갈등이 해소된 동기를 찾아낼 수 있는가? 이런 질문들에 대해 자습서나 선생님의 도움 없이 스스로 답할 수 있는 학생은 그리 많지 않을 것이다. 학생들 대부분이 능동적으로 찾아보고 생각하기보다는 주어진 정보를 받아들이고 암기하기에도 바쁘니 어쩌면 당연한 일일지도 모른다. 감상력이란 바로 문학 작품에 대해 앞에서 제시한 것과 같은 질문들을 스스로 해결해 나가는 능력을 말한다.

기본적인 독해력을 바탕으로 비문학 글을 읽고 분석하는 능력까지 갖췄다면, 이제 본격적으로 문학 작품을 감상할 차례다. 국어 시험에서 출제되는 문제는 대부분 비문학의 분석적 이해와 문학의 비판적 감상에 대한 것이다. 따라서 두 유형의 글에 대한 이해력을 높여야 수능과 내신을 모두 잡을 수 있다. 문제는 감상력이 자습서와 문제집을 무조건 외우고 푼다고 해서 느는 것이 아니라는 데 있다. 내신은 어떻게 해볼 수 있을지 모르겠지만, 수능에서는 절대 좋은 성과를 낼 수 없다. 왜냐하면 전자는 배운 지문으로 시험을 보지만, 후자는 처음 보는 지문으로 시험을 봐야 하기 때문이다.

감상력은 단순히 아느냐 모르냐의 차원이 아니라 감상을 할 수 있느냐 없느냐의 문제이기 때문에 실력 나이로 구분된다. 그리고 실력 나이에서 세 번째로 등장한 까닭은 독해력과 분석력이 전제되어야 비로소 문학적 감수성과 표현법이 가미된 작품을 이해할 수 있기 때문이다. 물론 비문학을 이해한다고 해서 당연히 문학을 비판적으로 감상할 수 있는 것은 아니다. 그런데 비문학조차 이해하지 못한다면 난해한 문학 작품을 이해하기란 더욱 어렵다는 것이다.

그렇다면 감상력 나이는 어떻게 진단할 수 있을까? 참고서에서 시나 소설 같은 문학 작품들에 대해 핵심적으로 정리해놓은 감상 내용을 역으로 문제화해 질문해보면 쉽게 알아볼 수 있다. 감상력이 낮을 경우 시에 관한 문제를 만나면 일단 자신감이 떨어지게 되고, 소설이나 산문도 지문이 길 경우 어려움을 느낀다. 즉 지엽적인 지문에 관한 문제는 풀지만 글의 전체적인 느낌이나 내용을 토대로 한 문제는 어렵게 느낀다는 것이다.

시의 경우 운율을 이루는 요소, 시 자체에 대한 전체적 감상이나 심상의 파악, 현대시에서 표현상의 특징, 고전시가에서 시적 화자의 정서 변화 등 다양한 문제로 감상력을 테스트할 수 있다. 소설은 인물 간 갈등 유형, 인물들의 성격, 소설의 주인공과 시적 화자의 태도 비교 등으로 진단해볼 수 있다. 아래 예제를 통해 확인해보자.

예제 1 | 다음 시에 쓰인 운율 형성 방법은?

> 비 오자 장독간에 봉선화 반만 벌어
> 해마다 피는 꽃을 나만 두고 볼 것인가.
> 세세한 사연을 적어 누님께로 보내자.
>
> 누님이 편지 보며 하마 울까 웃으실까.
> 눈앞에 삼삼이는 고향 집을 그리시고
> 손톱에 꽃물 들이던 그날 생각하시리.
>
> 양지에 마주 앉아 실로 찬찬 매어 주던
> 하얀 손 가락 가락이 연붉은 그 손톱을
> 지금은 꿈 속에 본 듯 힘줄만이 서노라.
>
> _ 김상옥, 〈봉선화〉

① 동일한 시행을 반복하고 있다.

② 모두 같은 음으로 끝맺고 있다.

③ 일정한 끊어 읽기를 반복하고 있다.

④ 흥을 돋우는 후렴구를 사용하고 있다.

⑤ 소리를 흉내 내는 말을 사용하고 있다.

예제 2 | 아래 글에 드러난 갈등 유형과 가장 유사한 것은?

S#67 논길

터덜거리며 가던 상우, 모퉁이를 도는 순간 철이와 마주친다. '헉!' 하고 놀란다. 철이는 몸 여기저기에 생채기가 났다. 다리도 절고 있다. 상우는 철이의 눈빛에 졸아서 가만 있는데 철이네 똥개가 상우를 비난하듯 마구 짖어 댄다. 지난번에 상우에게 당한 것까지 기억하는 듯하다. 철이는 매섭게 노려보기만 한다. 맞을까 봐 걱정했는데 때리진 않으니 고맙다. 그래도 체질상 사과는 못 하겠다. 여길 벗어나야 하는데…….
큰맘 먹고, 평소 할머니가 즐겨 쓰는 수화를 흉내 내 본다. 뜻은 모르지만 대충 이럴 때 쓰는 말 같다. 재빠르게 '미안' 수화를 하고 후다닥 달아난다.

① 만 16세가 되면 죽는다는 마법사의 예언을 들은 공주

② 극심한 가뭄으로 논에 물을 대지 못해 어려움을 겪는 농민

③ 노비 출신이라 그의 과학적 재능에도 불구하고 합당한 대우를 받지 못했던 장영실

④ 시험을 앞두고 TV를 보고 싶은 마음과 시험공부를 해야 한다는 마음 사이에서 갈등하는 학생

⑤ 동물을 실험용으로 사용해서는 안 된다는 사람과 과학 발전을 위해 필요하다고 주장하는 사람

까투리는 그 말을 듣자, 얼굴색이 별안간 파래지며

"그 꿈은 정녕 흉몽이 틀림없소. 나도 간밤에 꿈을 꾸었는데, 북망산 응달 쪽에 궂은비 뿌리며 백일청천에 쌍무지개가 갑자기 쇠칼로 변하여 그대의 머리를 뎅겅 베어 내리쳤으니, 이는 분명 그대가 죽을 흉몽이라. 제발 그 콩 먹지 마오."

장끼는 어이없다는 듯이 고개를 저으며

"그 꿈 염려 마시오. 그건 필시 내가 과거 시험에 장원 급제하여 어사화를 머리에 받아 쓰고, 장안 대로를 뽐내며 다닐 꿈이오. 자, 그만두고 저 콩 먹읍시다. 옛글에 이르기를 '주린 자 달게 먹고, 목마른 자 쉬 마신다.' 하지 않았소?"

"여보, 제발 내 말 들으시오. 내가 엊그제 점을 치니, 그대는 불이 이글이글하는 무쇠 가마 속에 풍당 빠졌다가 알몸으로 잔칫상에 오를 괘이고, 나는 삼베로 몸을 감고 대성통곡할 괘가 나왔어요. 부디 내 말을 들으시오."

"그 또한 염려 마시오. '흉몽은 대길'이라 했고, '흉괘도 길괘가 될 수 있다.'는 말을 들어 보지도 못하였소? 아마도 그것은 우리에게 큰 운수가 트일 징조요. 자, 여자는 자고로 밖의 일에 간섭하는 것이 아니오. 더 이상 대장부 하는 일에 참견을 마시오."

하면서, 간곡히 말리는 까투리를 제쳐놓고 다짜고짜 다가가 반달 같은 부리로 콩을 힘차게 찍는다.

_ 〈장끼전〉

① 고집이 세다.

② 의심이 많다.

③ 모든 일에 비판적이다.

④ 생각이 깊고 신중하다.

⑤ 남의 일에 잘 참견한다.

　예제 3가지만으로도 문학 작품 감상이라는 것이 결코 만만치 않은 일임을 알았을 것이다. 감상력이라는 것이 하루아침에 일취월장하는 것도 아니다. 그럼 어떻게 해야 할까? 이제부터 그 처방을 알아보자.

　그나마 중학교 때까지는 문학 작품 공부를 어려워하는 학생이 그리 많지 않다. 이는 중학교 문학 공부가 실제로 쉽다는 의미로도 해석할 수 있다. 중학교 국어에서 문학이란 교과서 내용을 충실히 공부해서 잘 파악했는지 여부를 판단하는 정도에 국한되기 때문이다. 따라서 교과서 내용을 숙지하고 문제 풀이를 많이 해보면 어렵지 않게 중간고사나 기말고사에 대비할 수 있다.

　하지만 고등학교에 올라가면 사정이 달라진다. 점점 문학 감상에 대한 자신감이 떨어지는 학생들이 늘어난다. 중학교 때 감상력을 제대로 기르기보다 시험 대비 문제 풀이 위주로만 공부했기 때문이다. 다시 말해 스스로 작품을 감상하는 능력을 익히지 않았기 때문에 교과서에 나오지 않는 문학 작품을 접하면 제대로 대응하지 못하는 것이다. 그러면 어떻게 해야 감상력 나이를 차근차근 올릴 수 있을까?

　빤한 이야기인지 모르지만, 무엇보다 가장 필요한 것은 '다양한' 문학 작품을 '제대로' 읽어보는 습관을 들이는 것이다. 어려운 비문학 글을 읽을 때처럼, 많은 작품을 읽으며 스스로 정리해보는 연습이 필요하다. 그럼 문학 작품 중에서도 소설과 시를 구분해 감상력 나이를 키우는 방법에 대해 구체적으로 알아보자.

84

❶ 소설 작품 '제대로' 읽기

다시 강조하지만, 작품을 많이 읽어보는 것만큼 좋은 방법은 없다. 물론 작품을 읽어봤다고 해서 나중에 모조리 기억나는 것은 아니지만, 시험에서 아예 읽어보지 않은 작품에 대한 문제를 접하는 것보다는 훨씬 나을 것이다.

소설은 교과서에 전문이 실리지 않는 경우가 많다. 그래서 더더욱 작품 전체를 읽어볼 필요성이 생기는데, 문제는 학생들 대부분이 줄거리 요약본, 핵심 부분 발췌본 등만을 통해 학습한다는 것이다. 그런데 이와 같은 학습법으로는 소설 전체의 흐름을 파악하는 능력을 향상시킬 수 없다. 그 결과 학년이 올라갈수록 점점 소설 감상력이 떨어지게 된다. 결국 가장 중요한 것은 작품 전체를 많이 읽어보는 것이다. 주변에 자타 공인 '국어 실력자'가 있다면 한번 물어보라. 분명 다양한 독서 경험을 가진 사람일 것이다.

그런데 다독보다 더 중요한 것은 '제대로' 읽는 연습이다. 즉, '단순 읽기' 방식에서 벗어나 작품의 구성 및 기타 주요 내용들을 파악하면서 읽어야 감상력 나이가 자라게 된다. 이는 평소 책을 많이 읽는 학생들에게도 해당하는 것이다. 소설의 경우, 다음의 핵심 내용을 반드시 파악하고 넘어가는 것이 좋다.

- 인물, 사건, 배경
- 소설의 구성 단계
- 소설의 구성 방식

- 시점
- 어조
- 소재의 의미

소설을 처음 읽을 때는 '독해력'에 해당되는 내용인 작품의 전체 흐름을 파악하는 것이 우선이다. 이 과정을 마쳤다면, 소설 구성의 3요소에 해당되는 '인물, 사건, 배경'을 확인하도록 한다.

'인물'은 곧 이야기에서 주로 이야기되고 있는 사람, 또는 이야기를 이끌어가는 사람이 누구인지 파악하는 것을 말한다. 간혹 황순원의 〈목넘이 마을의 개〉 같은 액자 소설의 주인공을 찾으라고 하면, 이야기를 서술하는 관찰자를 주인공으로 착각하는 경우가 있는데 주의해야 한다. 이 소설에서 주인공은 이야기의 중심이 되는 '간난이 할아버지'다. 한편 '사건'은 등장인물들이 벌이는 갈등과 행동 양상을 파악하는 것을 말한다. 사건을 잘 정리해두면 줄거리를 파악하는 데 도움이 된다. 마지막으로 '배경'은 사건이 일어나는 구체적인 상황을 말한다. 이때 배경은 시간적 배경과 공간적 배경으로 나뉜다. 시간적 배경은 주로 이야기가 진행되는 시대가 언제인지를, 공간적 배경은 이야기가 진행되는 장소가 어디인지를 말한다.

소설 구성의 3요소를 파악했다면, 이제는 소설 '구성 단계'에 따라 내용을 세분해 요약할 수 있어야 한다. 소설은 '발단 → 전개 → 위기 → 절정 → 결말'의 5단계로 구성되어 있다. 여기서 '위기'와 '절정' 단계의 구분이 어렵기 때문에, 중학교 내신에서는 이에 관한 문제가 많이 출제

된다. 하지만 고등학교에 올라가면 이 부분보다 사건의 실마리를 묻는 '발단' 단계와 갈등 해소 방식을 묻는 '결말' 부분이 중요해진다. 여기서 하나 잊지 말아야 할 점은 각 단계를 정확하게 구분하는 데 집중하기보다 전체 갈등과 사건의 양상이 어떤 흐름을 따라 전개되는지 정리할 수 있어야 한다는 것이다.

그다음으로 파악해야 할 것은 소설의 '구성 방식'이다. 특히 '액자식 구성'과 '입체적 구성'을 반드시 기억해야 한다. '액자식 구성'은 이야기 안에 또 하나의 이야기가 있는 구성으로, 앞에서 잠깐 언급한 〈목넘이 마을의 개〉나 〈배따라기〉와 같은 소설에서 사용된 방식이다. '입체적 구성'은 사건 전개가 시간의 흐름에 따라 이루어지지 않는 방식을 말한다. 요즘 영화에서는 흔히 볼 수 있는 방식이다. 입체적 구성을 한 대표적인 소설로는 〈동백꽃〉과 〈갯마을〉이 있다.

'시점'은 소설에서 말하는 이가 어떤 방식으로 이야기를 전달하고 있는지를 뜻한다. 시점은 크게 1인칭과 3인칭으로 구분되는데, 학생들이 가장 많이 헷갈리는 부분은 '1인칭 관찰자 시점'과 '3인칭 관찰자 시점'이다. 1인칭 관찰자 시점은 작품 '속'에서 '나'라는 인물이 등장해 사건을 전달하는 것이고, 3인칭 관찰자 시점은 작품 '밖'에서 소설의 사건을 객관적 시각으로 전달하는 것

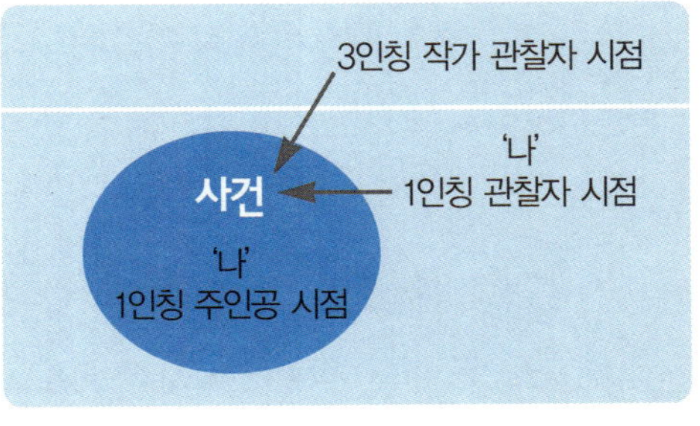

이다. 3인칭 관찰자 시점은 '작가 관찰자 시점' 이라고도 불린다.

앞에서 예로 들었던 〈목넘이 마을의 개〉의 경우, 액자 속 내용은 주인공의 속마음까지 모두 서술하는 전지적 작가 시점으로, 액자 이외 부분은 '나' 라는 사람이 들은 이야기를 전하는 1인칭 관찰자 시점으로 서술되고 있다.

다음으로 '어조'를 살펴보도록 하자. 어조는 서술자가 소설에 등장하는 인물이나 사건에 대해 어떤 태도로 말하고 있는지를 의미한다. 어조는 작품의 전체 분위기를 형성하고, 더 나아가서는 작품의 주제를 간접적으로 드러내기도 한다. 주로 사용되는 어조로는 해학, 냉소, 풍자, 반어가 있는데, 각각의 내용을 정리하면 다음과 같다.

- 해학: 따뜻한 웃음
- 풍자: 비판적 웃음
- 냉소: 비판적 시각으로 비꼬아서 이야기하는 것
- 반어: 겉과 속이 다름

풍자적 어조의 소설로는 채만식의 〈태평천하〉, 해학적 어조의 소설로는 김유정의 〈동백꽃〉, 반어적 어조의 소설로는 현진건의 〈운수 좋은 날〉이 대표적이니, 각 소설을 읽으며 해당 어조가 어떤 것인지 파악해두도록 하자.

이제 소설에서 마지막으로 알아야 할 것은 '소재의 의미' 다. 대부분의 소설에서는 특정 소재를 제시함으로써 주제를 보다 명확히 드러내려고 하기 때문에 이를 점검해볼 필요가 있다. 예를 들어 황순원의 〈소나기〉에서 '먹구름', '보랏빛 입술' 등은 소녀의 죽음을 상징하는 복선 역할을 하는 소재이므로, 해당 소재에 대한 파악이 잘 이루어져 있어야 소설 전체의 구성을 보다 잘 이해할 수 있게 된다.

❷ 시어의 함축적 표현 파악하기

시도 일종의 이야기로서 줄거리를 가진다. 따라서 시 전체의 흐름을 파악하는 것이 우선이다. 흐름 파악이 끝났으면 다음 내용들을 반드시 이해하고 넘어가도록 하자.

- 화자
- 심상
- 시어의 함축적 의미
- 시의 표현 방법
- 주제

시는 소설과 달리 함축적인 표현으로 이루어지기 때문에 감상에 더 큰 어려움을 느낄 수도 있다. 따라서 위에서 언급한 5가지 요소를 찾아내는 것이 결코 쉬운 일은 아니다. 특히 교과서에 나오지 않는 시를 처음 접했을 때는 더욱 그러하다. 예시로 제시한 시 〈낙화〉를 보며 시 감상력을 어떻게 높여야 할지 알아보자.

시를 감상할 때 가장 먼저 해야 할 일은 시의 화자가 누구인가 하는 것

가야 할 때가 언제인가를
분명히 알고 가는 이의
뒷모습은 얼마나 아름다운가.

봄 한철
격정을 인내한
나의 사랑은 지고 있다.
분분한 낙화
결별이 이룩하는 축복에 싸여
지금은 가야 할 때,

무성한 녹음과 그리고
머지않아 열매 맺는
가을을 향하여
나의 청춘은 꽃답게 죽는다.

헤어지자
섬세한 손길을 흔들며
하롱하롱 꽃잎이 지는 어느 날
나의 사랑, 나의 결별,
샘터에 물 고이듯 성숙하는
내 영혼의 슬픈 눈.

_ 〈낙화〉, 이형기

이다. 시적 화자는 소설의 서술자와 같은 역할을 한다. 〈낙화〉에서 시적 화자는 꽃잎이 지는 모습을 바라보고 있는 사람이다. 그는 '낙화' 현상을 사랑하는 사람과 이별하는 상황으로 설정하고, 그 속에서 얻은 자신의 깨달음을 말하고 있다.

화자를 파악했다면 이제는 시의 각 연과 행에 쓰인 심상을 살펴봐야 한다. 심상은 대부분의 학생들이 어렵지 않게 파악할 수 있다. 시각, 청각, 후각, 미각, 촉각, 후각, 공감각으로 나뉘며, 그중 학생들이 가장 어려워하는 심상은 공감각이다. 공감각은 두 가지 다른 심상을 연결해 사용함으로써 또 다른 느낌을 주는 것으로, 가장 대표적인 시구로는 '분수처럼 흩어지는 푸른 종소리'가 있다. 위의 시 〈낙화〉는 꽃잎이 떨어지는 것을 보고 쓴 시로, 주로 시각적 심상이 쓰인 것을 알 수 있다.

시를 감상할 때 중요한 포인트로 꼽는 것은 바로 '시어의 함축적 의미'이다. 시어는 시인이 말하려는 바를 함축적으로 나타내기 위한 일종의 장치이다. 따라서 일상 언어에서와는 다른 의미를 숨기고 있으며, 이를 알아내는 것이 시의 주제를 파악하는 데 도움이 된다. 〈낙화〉에서는 '떨어지는 꽃잎'을 '나의 사랑', '나의 청춘', '나의 결별' 등 다양한 시어로 표현하고 있다. 바꿔 말해 '사랑', '청춘', '결별'은 떨어지는 꽃잎을 '함축'하고 있는 것이다. 하지만 시어가 어두운 의미로 사용되고 있지는 않으므로, 시인이 이별을 부정적으로 받아들이고 있지 않다는 것을 알 수 있다. 이처럼 시어의 함축적 의미를 파악하게 되면 시를 좀 더 깊이 있게 이해할 수 있게 된다. 따라서 시를 읽을 때에는 각 시어가 전체 흐름 속에서 어떠한 의미를 갖는지 파악하고, 이와 비슷한 의미로 쓰인 시어를 찾아서 함께 정리해볼 필요가 있다.

그다음으로 학생들이 시에서 가장 어려워하는 것은 '시의 표현 방법'이다. 직유법이나 의인법처럼 초등학교 때부터 배워온 비유법에 대해서는 비교적 어려움을 느끼지 않는다. 하지만 은유법, 반어법, 역설법, 대구법 등 중학교 때부터 배운 개념들에 대해서는 고등학교에 올라가서도 어려움을 느끼는 학생들이 있다. 그중 반어법과 역설법은 학생들이 가장 많이 헷갈리는 표현 방법이다. 이 둘을 가장 명쾌하게 구분하는 방법은 '말이 되는지'를 따져보는 것이다. 즉, 시어를 읽었을 때 '말은 되는데, 그 안에 숨은 뜻이 있는 것 같다'면 반어법이고, '말이 안 되는데, 다른 뜻으로 해석이 가능하다'면 역설법이다. 따라서 '죽어도 아니 눈물 흘리오리다'는 반어법이고, '님은 갔지마는 나는 님을 보내지 아니하였습니다'는 역설법인 것이다.

지금까지의 단계를 모두 수행했다면, 이제는 전체 내용을 종합해서 시의 주제를 파악해야 한다. 학생들이 가진 편견 중 하나는 시의 주제를 참고서나 자습서에 나오는 말처럼 멋지고 간략하게 정리해야만 한다는 것이다. 첫술에 배부른 법은 없다. 특히 중학교 수준에서는 멋진 말로 요약한다는 게 쉬운 일이 아니다. 그러므로 처음에는 자습서나 참고서에 나오는 식의 표현을 고집하기보다 자신이 생각한 대로 정리해보는 것이 좋다. 이를 반복해 나가다가 생각을 좀 더 핵심적인 단어로 요약하는 훈련을 하면 좋을 것이다.

이렇게 해서 소설과 시의 감상력 나이를 높이기 위한 처방을 제시했다. '처방'이라 하니 좀 거창하게 들릴지 모르지만, 결국 문학 작품을 읽는 '눈'을 만들기 위해 어떤 노력을 기울여야 하는지를 알려준 것이라고 하면 정확할 것이다.

마지막으로 하나 더 중요한 과정이 남아 있다. 바로 위에서 제시한 방법대로 정리한 내용을 다시 한 번 확인함으로써 제대로 작품을 감상한 것인지 파악하는 것이다. 참고서나 자습서에서는 해당 작품을 어떻게 분석하고 요약했는지 자신의 요약 노트와 비교해봄으로써 자신이 놓친 부분은 무엇인지, 그리고 잘못 이해한 부분은 없는지 점검하도록 하자.

4. 추론력, 국어 능력을 완성하는 힘

추론력 나이 진단

제시된 내용을 파악했다고 생각했는데 실제 문제 풀이에서는 막혔던 경험이 있지 않은가? 분명 예전에 공부했던 작품이라서 중심 내용이나 주제를 잘 이해하고 있는데 정작 문제는 손도 못 대고 포기했던 경우는 없는가? 모두들 한번쯤은 경험해보았을 것이다. '알고는 있지만, 문제는 안 풀린다.' 바로 추론력 부족 때문에 생기는 현상이다.

'추론력'이란 정보를 받아들인 뒤, 거기 담긴 속뜻을 파악하는 데 그치지 않고 새로운 생각을 이끌어내는 힘을 말한다. 추론력을 요구하는 문제들은 대개 배점이 높은 고난이도 문제들로, 지문에서 제시하고 있는 내용으로부터 새로운 결론을 도출해내는 능력을 테스트한다. 추론력이야말로 독해력, 분석력, 감상력을 넘어 국어 능력을 완성하는 힘이라고 볼 수 있다. 앞에서 말한 것처럼 대개 배점이 높기 때문에 국어 상위권 진입 여부는 추론력에 달려 있다고 해도 과언이 아니다.

독해력은 글에서 중심 내용을 파악하는 능력이고, 비판력(분석력+감상력)은 글의 구조를 분석하고 이를 평가하는 것이다. 다시 말해 앞선 3가지 능력들은 글 자체를 이해하고 분석하는 능력이다. 이에 비해 추론력은 주어진 글의 구조 및 내용을 통해 새로운 정보를 도출하는 능력이다. 그렇다면 추론력 나이는 어떻게 진단할 수 있을까? 추론력을 평가하는 질문은 크게 4가지로 나눌 수 있다. 구체적 내용에 대한 질문, 사례에 대한 질문, 관점 및 의도에 대한 질문, 전제나 주장에 대한 질문이 그것이다. 좀 더 쉽게 말해 아래와 같은 유형의 문제를 푸는 데 어려움을 느낀다면 추론력이 부족하다고 봐도 좋다.

❶ 구체적 내용에 대한 질문(예제 2)

_ 다음 진술에서 이끌어 낼 수 있는 것으로 가장 적절한 것은?

_ 문맥상 빈칸에 들어갈 문장 및 어구로 가장 적절한 것은?

_ 다음에 이어질 문단의 내용으로 가장 적절한 것은?

_ 다음 중 ㉠과 ㉡의 관계와 유사한 것은?

❷ 사례에 대한 질문

_ 다음 주장에 부합하는 가장 적절한 예는?

_ 다음 글에서 설명하고 있는 원리와 관계 있는 사례는?

❸ 관점 및 의도에 대한 질문

_ 밑줄 친 부분에 담긴 필자의 관점으로 가장 알맞은 것은?

_ 밑줄 친 부분을 통해 필자가 의도한 것은?

❹ 전제나 주장에 대한 질문(예제 1)

_ 다음 글에서 이끌어 낼 수 있는 필자의 주장으로 가장 알맞은 것은?

_ 다음 글의 주장이 설득력을 갖기 위해 보충되어야 할 전제는?

_ 다음 글의 논지를 강화(약화)하는 주장은?

예제 1 | 아래 글에서 (가)와 (나)에 공통적으로 나타난 글쓴이의 생각을 살려 캠페인을 하려고 한다. 가장 알맞은 표어는?

(가) 그런데 요즈음 우리네 식탁엔 점차 국물이 사라지고 있다. 걸어가면서 아침을 먹고, 차에 흔들리면서 점심을 먹어야 하는 바쁜 사람들이 많이 생겨서인가? 아니면, 개척 시대 미국 이주민의 생활이 부러워 그것을 흉내 내고 싶어서인가? 즉석 요리, 즉석 식품이 판을 치고 있는 세상이다.

내 아이들도 예외는 아니다. 생선은 굽고, 닭고기는 튀겨야 맛이 있다고 성화인 것만 보아도 그렇다. 나는 그 반대 입장에 서서 국물이 있는 것으로 입맛을 챙기려 하니, 아내는 늘 지혜롭게 식탁을 꾸려 갈 수밖에 없다. 기다릴 줄을 모르고, 자기 욕심과 자기 주장이 통할 때까지 고집을 피워 대는 내 아이들의 모습을 보면서, 혹시 그런 성격이 서구화된 식탁 문화에서 빚어진 것이 아닌가 하는 걱정도 커진다.

(나) 그런데 우리는 춘향가, 심청가, 흥보가를 제쳐두고, '라 보엠'이나 '나비 부인'부터 듣도록 교육을 받았다. 우리 것을 대하는 눈은 우리 자신을 보는 눈과 같다. 곧, 우리 자신을 소홀히 해 왔다는 얘기가 된다. 그리하여 판소리를 훌륭한 창극으로 발전시키지 못한 것은 실로 안타까운 일 중의 하나이다. 우리 모두 신데렐라의 이야기를 알고 있는데, 그렇다면 반대로 세계의 모든 사람들이 춘향가와 심청가의 이야기를 알도록 노력해야 되는 게 아닐까? 그리하여 세계 방방곡곡에서 우리의 판소리에 넋을 잃고 "좋다!", "얼쑤!" 하는 추임새 소리가 들리도록 해야 하는 게 아닐까? 그런 노력이 올바른 세계화의 길일 것이다.

① 문화는 달라도 세계는 하나

② 식탁 문화 개선은 세계화의 첫걸음

③ 올바른 부모 교육, 바르게 크는 아이

④ 소중한 우리 문화, 자랑스러운 우리 유산

⑤ 사라져가는 판소리, 우리 힘으로 되살리자.

예제 2 | [㉮]에 사례를 추가하여 이해를 돕고자 할 때, 적절하지 않은 것은?

(가) 현재 지구상에 존재하는 많은 물질은 두 가지 이상의 원소가 다양한 형태로 결합된 화합물로 이루어져 있다. 그러나 과학자들은, 지구 탄생 초기에는 100여 가지 원소만이 존재했을 것이라고 추정하고 있다. 몇 천만 년, 몇 억 년이 지나면서 지구의 대기를 비롯한 환경이 변화하였고, 조건이 바뀜에 따라 원소들은 서로 반응을 일으켰다. 이러한 화학 반응의 과정에서 새로운 물질이 생겨났으며, 생명체의 진화도 이루어졌다. 우리는 그 과정을 의식하지 못하고 있지만 지금도 우리 주변에서는 끊임없이 화학 반응이 일어나고 있다.

(나) 물질이 서로 화학 반응을 일으킬 때, 새로운 화합물이 생성되고 그것을 확인할 수 있는 현상이 나타나기도 한다. 묽은 황산 용액에 한 조각의 아연을 넣어 보면 아연이 녹으면서, 아연 표면에서 많은 기포가 발생하는 것을 확인할 수 있다. 황산(H_2SO_4)과 아연(Zn)이 화학 반응을 일으키면 황산아연($ZnSO_4$)이 생성되며, 이때 수소(H_2) 기체가 발생하기 때문이다. [㉮]

① 생석회(산화칼슘)에 물을 부으면, 소석회(수산화칼슘)를 얻을 수 있다. 이때 다량의 열이 발생한다.

② 나무를 태우면 불꽃과 함께 열이 발생한다. 그리고 나무는 재로 변한다. 연소 반응이 일어난 것이다.

③ 처에 과산화수소수를 바르면 많은 거품이 발생한다. 이것은 과산화수소가 분해되어 산소가 생성되었기 때문이다.

④ 황 덩어리에 불을 붙이면, 황은 파란 불꽃을 내며 타기 시작하고 자극적인 냄
  새가 난다. 황이 산소와 화합해서 이산화황이 된 것이다.

⑤ 물을 유리 용기에 가득 넣고 냉각시키면, 물은 얼음으로 변하고 유리 용기는
  깨진다. 물이 얼음으로 변하면서 부피가 팽창한 것이다.

어떤가? 풀기 어려웠는가? 너무 어려워 포기하는 게 낫겠는가? 하지
만 다시 한 번 강조하겠다. 추론력 문제를 포기하면 수능 국어 시험에서
결코 고득점을 올릴 수가 없다. 국어 실력 나이 향상을 위한 마지막 관문
이다. 어떻게 하면 추론력 나이를 높일 수 있을지 이제부터 살펴보자.

교과서 심화 학습에서부터 시작하라

국어 실력이 어느 정도 수준에 오른 학생들도 추론력 측정 문제에서는
어려움을 느끼는 경우가 많다. 특히 변별력을 높이기 위해 시험의 난이
도를 상향 조정할 경우 추론력 문제 비율이 높아져, 시험에 따라 급격한
점수 하락을 경험하는 학생들도 있다.

그런데 추론력 나이 향상을 위한 처방에 앞서 명심해야 할 것은 앞서
나왔던 독해력, 분석력, 감상력을 반드시 먼저 점검해야 한다는 점이다.
이 능력들이 뒷받침되지 않으면 결코 추론력 향상을 기대할 수 없기 때문
이다.

❶ 교과서 심화 학습 문제부터 해결하라

교과서의 학습 문제는 크게 두 파트로 나뉜다. 내용에 대한 이해 여부

를 확인하는 기본 학습 문제, 보다 깊이 있는 내용을 물어보는 심화 학습 문제로 구성된다. 기본 학습 문제는 교과서 내용만 정확히 파악했다면 충분히 해결할 수 있는 문제로 구성되어 있지만, 심화 학습 문제는 본문 내용만 봐서는 답을 도출해내기 어렵다. 예를 들어 〈운수 좋은 날〉의 기본 학습 문제는 '김첨지의 심경 변화를 나타내는 구절을 찾으라'고 묻지만, 심화 학습 문제는 '김첨지의 감정 변화를 그래프로 나타내라'고 요구함으로써 주어진 정보를 해석해 다른 형태로 재구성하는 방식을 묻는다. 따라서 교과서의 심화 문제만 잘 풀어도 추론력 나이를 향상시키는 역량을 쌓을 수 있다.

❷ 문제의 요지를 정확히 파악하는 연습을 하라

학생에 따라 문제의 요지가 무엇인지를 잘 파악하지 못해서, 본문 내용은 이해했으나 정작 문제를 해결하지 못하는 경우가 많다. 예를 들어 '위 글의 주장을 비판한 내용으로 가장 적절한 것은?' 하는 식의 문제를 접했다고 하자. 이런 문제를 해결하려면, 분석력을 통해 해당 글의 주장을 충분히 파악한 다음 그 주장에 대한 반론으로 제기할 수 있는 내용이 무엇인지 판별해내야 한다. 그런데 이는 주어진 지문 안에서는 찾을 수 없는 내용이다. 따라서 학생 스스로가 생각해내고 최적의 답을 선별해내야 한다.

그런데 이런 유형의 문제를 풀 때 실수하는 학생들을 보면, 문제를 제대로 읽지 않아서 오답을 선택하는 경우가 종종 있다. 즉, 본문 내용을 비판한 '가장 적절한 내용'을 골라야 하는데, '가장 부적절한 내용'을 고른다든지 '주장을 뒷받침하는 내용'을 고른다든지 하는 식으로 실수를 하는 것이다. 이러한 실수를 방지하기 위해 문제를 읽을 때에는 핵심 사항을 체크해두는 습관을 들여야 한다. 위 예제에서는 '비판'과 '적절'이 문제 해결의 핵심이므로 이를 체크해야 하겠다.

❸ 여러 선택지 중 다른 것 하나를 찾는 문제를 연습하라

여러 선택지를 주고, 소설의 경우 감상법에 따라 제대로 감상한 것은 어떤 것인지를 고르는 문제, 시의 경우 시인과의 가상 인터뷰에 대한 대답으로 적절치 않은 것을 고르는 문제 등 지문에 대한 분석만으로는 풀기 어려운 유형들이 있다. 이런 문제들의 경우 언뜻 비슷한 의도로 쓰인 듯하지만 분류상 전혀 다른 선택지들을 섞어 놓는다. 아래 예제를 보자.

예제 3 | 〈자료〉를 읽고 위 글을 쓴 작가의 의도를 파악한 것으로 적절한 것은?

〈자료〉

《원미동 사람들》에서 '원미동(遠美洞)'이란 문자 그대로 '멀고 아름다운 동네'인데, 이 글에서 '기어이 또 하나의 희망'을 만들어 가며 살아야 할 우리들의 동네를 역설적으로 표현한 것이다. 그래서 원미동은 작고도 큰 세계이다.

이 글은 《원미동 사람들》이라는 연작 소설의 한 장으로 '일용할 양식'이라는 제목이 붙어 있다. 일용할 양식이란 말 그대로 하루를 살아갈 수 있는 양식이란 말이다. 그 일용할 양식을 위해 싸우고 갈등하는 사람들의 이야기를 통해 가난하고 힘든 삶을 살아가는 사람들의 모습을 표현한 것이라고 볼 수 있다.

① 가난도 죄가 된다는 사실을 알 수 있다.

② 풍요롭고 따뜻한 삶의 모습을 발견할 수 있다.

③ 모두의 이익을 추구하는 사람들을 만날 수 있다.

④ 어려울수록 이웃과 더불어 살아야 한다는 것을 알 수 있다.

⑤ 상황에 따라서는 강압적인 힘이 필요하다는 것을 알 수 있다.

이 문제의 선택지는 우선 긍정과 부정으로 나눌 수 있다. ②, ③, ④는 긍정적이고 ①, ⑤는 부정적이다. 〈자료〉의 내용을 보면, '멀고 아름다운 동네', '또 하나의 희망'이란 구절을 통해 이 이야기가 긍정적인 방향으로 서술되고 있음을 알 수 있다. 그리고 ②~④의 선택지를 다시 구분해 보면, ②와 ③은 단순히 낙관적인 태도를 보이고 있는 것에 비해 ④는 난관 속에서도 희망을 찾아야 함을 나타내고 있다는 걸 알 수 있다. 또한 '역설적'이란 표현, '희망을 만들어가며 살아야 할 우리들의 동네'라는 표현을 통해 무조건적인 긍정이 아님을 파악했다면, 답은 ④번임을 충분히 유추할 수 있다.

❹ 선택지 중 오답은 왜 오답이고, 정답은 왜 정답인지 적어보는 훈련을 하라

앞에서 말한 선택지 훈련과 비슷하긴 하지만, 거기에 자신만의 '해설 쓰기'를 추가한 방법이다. 제시된 보기가 헷갈리거나 제시문의 내용을 통해서는 답을 유추해내기 어려울 경우 선택지 중 다른 것 하나를 찾아내는 게 결코 쉬운 일은 아니다. 이럴 때는 오답과 정답 '후보' 옆에 해당

후보가 될 수밖에 없는 이유를 적어보는 훈련을 함으로써 추론력을 향상시킬 수 있다. 예를 들어보자.

예제 4 | [A]의 타당성을 높이기 위한 방법으로 가장 적절한 것은?

> [A] 만약 방관만 하던 친구들이 적극적으로 나선다면 괴롭힘을 멈출 수 있다. 피해자는 보호를 받게 되고 가해자는 자기의 행동을 되돌아볼 수 있게 된다. 반면 방관자가 무관심하게 대하거나 알면서도 모르는 척한다면 괴롭힘은 지속된다. 따라서 방관자의 역할이야말로 학급의 괴롭힘 상황을 해결할 때 가장 주목해야 할 부분이다.

① 피해자 치유 프로그램이 성공적이었음을 보여 주는 통계 자료를 제시한다.

② 아무도 말리지 않아 계속 괴롭혀도 된다고 생각했다는 가해자 면담 자료를 인용한다.

③ 가해자에 대한 강력한 처벌을 통해 학급 내 괴롭힘 문제를 해결한 사례를 제시한다.

④ 피해자가 가해자를 용서했더니 학급 내의 괴롭힘이 줄어들었다는 보고서의 자료를 인용한다.

⑤ 학교 폭력의 가해자가 피해자로 바뀌고, 피해자가 가해자로 바뀌기도 하는 실제 사례를 추가한다.

이 문제를 풀기 위해서는 우선 [A]의 요지를 파악해야 한다. [A]에서 주장하고자 하는 바의 핵심이 맨 마지막 문장인 "방관자의 역할이야말로 학급의 괴롭힘 상황을 해결할 때 가장 주목해야 하는 부분이다"임을 파악하기는 그리 어렵지 않을 것이다. 즉, 이 문제는 확인된 주장의 타당성을 높이기 위한 근거로 무엇을 제시하는 것이 가장 적절한지를 묻고 있는 문제인 것이다. 따라서 본 주장의 타당성을 높이기 위해서는 '방관자 역할의 중요성'을 보충하는 설명이 필요한데, 선택지 중에서 주장과 관계없는 ①, ④, ⑤는 어렵지 않게 제외할 수 있다. 그다음으로 ②와 ③ 중 하나를 골라야 하는데, 보다 정확한 문제 풀이를 위해서 각 선택지가 적절한지 적절하지 않은지 그 이유를 아래와 같이 적어보도록 하자.

② 말리지 않는 사람이란 것은 바로 방관자를 의미. 따라서 말리지 않는 주변의 방관자적 입장 때문에 괴롭힘이 큰 문제가 아니라고 생각했다는 면담 자료는 적절.

③ 가해자에 대한 처벌은 방관자와는 관계없는 내용. 따라서 제외.

이렇듯 헷갈리고 어려운 문제는 직접 해설을 써봄으로써 문제에서 요구한 내용과의 적합 여부를 확인하는 훈련을 하는 것이 추론력 나이 향상에 매우 큰 도움이 된다는 것을 명심하라.

국어 나이 향상
실전 사례

03

1 단어 실력 부족으로 학습 자체가 어려웠던 중1 L학생

L학생은 기본적인 단어 실력의 완벽한 부재로 인해 기본 학습 자체가 어려운 학생이었다. 처음 이 학생을 맡았을 때 공부를 대하는 태도에는 큰 문제가 없어 보였다. 열심히 공부하는 노력파로 보였고, 매우 조용하고 성실한 느낌을 주었다. 하지만 성적은 그야말로 바닥권이었다.

중1 첫 시험에서 전체 성적이 50점대 초반이었고, 국어 점수는 무려 40점대였다. 사실 처음 한 달간은 성실한 태도를 보이며 '당일 학습 내용을 모두 공부했다'고 하길래 이를 액면 그대로 믿고는 학습 내용 체크에 큰 신경을 쓰지 않았다. 하지만 그것이 큰 실수였다. L학생과 중간고사 결과를 놓고 상담하면서 놀라운 사실을 하나 발견했다. 학생의 단어 선택 수준이 초등학교 5~6학년에 지나지 않았던 것이었다. 자신이 하고 싶은 말을 정확하게 전달하지 못한 채 "선생님 그 있잖아요. 그거, 그거…." 하는 식으로 얼버무리는 경우가 많았다.

의사소통에 필요한 단어 실력이 형편없었던 것이다. L학생의 국어 단어 학습에 문제가 있음을 직감하고 사회 교과서를 펴게 한 뒤, 한 문장을 찍어서 그 의미를 이야기해보라고 했다. 예상대로 중간에 등장하는 다양한 단어들의 의미를 잘 이해하지 못했다. 중학교 때 단어 실력을 충분히 쌓지 못하면 고등학교에 진학한 후 많은 어려움을 겪게 된다는 사실을 충분히 인지시키고, 우선 다른 과목 공부보다 국어 단어 실력 향상을 최우선 목표로 삼도록 했다.

L학생에게 가장 먼저 제시한 학습법은 짧은 글짓기였다. 초등학교 6학년 국어 교과서를 구해 스스로 단어 정리장을 만들면서 짧은 글을 구성해보도록 한 것이다. 현재 시중에 나와 있는 개념어 사전의 경우 국어 문법이나 용어 정리 위주로 짜여 있기 때문에 L학생에게는 적합하지 않았다. 따라서 우선 '기본'에 충실한 국어사전 찾기부터 실시하도록 했다. 물론 학생 입장에서는 초등학교 국어 교과서를 보는 게 자존심 상하는 일이었겠지만, 향후의 발전을 위해 딱 두 달만 열심히 해보자고 다독였다. 내신 준비도 병행해야 했기에 매일 초등 교과서 단어와 중학 교과서 단어를 각각 5개씩 정리하고 짧은 글을 짓도록 했다.

처음 한 달간은 아무런 변화를 느끼지 못했으나 두 달째에 접어들면서부터 약간씩 변화의 조짐이 보이기 시작했다. 단어 자체만 학습해서는 다양한 활용법을 이해하기 어렵기 때문에 짧은 글짓기를 통해 문맥 안에서 단어의 뜻을 파악하도록 했던 것이 주효했다.

어느 정도 단어 실력이 쌓이자 학습에 대한 의지도 높아졌다. 두 달 동안의 단어 학습이 끝난 후에는 글을 요약해서 정리하는 단계로 넘어가도록 했다. 중요한 내용을 정리하며 핵심어를 파악하는 활동까지 함께 진행하도록 한 것이다. 이러한 노력의 결과 2학기 중간고사에서는 국어 점수가 20점 가량 오른 60점대로 진입할 수 있었다.

2 문법 문제는 항상 건너뛰던 고1 A학생

A학생은 국어 문법 공부의 필요성을 크게 느끼지 못한 탓에 한번도 제대로 문법 공부를 해본 적이 없었다. A학생은 그동안 수능 모의고사에서 문법 문제가 두세 개 정도만 출제되었기 때문에 학습의 필요성을 크게 느끼지 못했다고 말했다. 하지만 그 때문인지 모의고사에서 1등급을 유지하면서도 매번 문법 문제에서만은 오답을 내는 경우가 많았다.

최상위권으로 도약하려면 문법 문제에서 오답을 줄여야 한다고 했더니, 대부분의 학생들과 같은 반응을 보였다. 단기 속성 강좌를 들으면 되지 않겠느냐는 것이었다. 단기 강좌는 대개 핵심적인 내용만을 압축해서 동일한 비중으로 강의하기 때문에 수능 대비 문법 학습에는 거의 도움이 되지 않는다. 하지만 이런 사실을 제대로 알지 못하는 학생들은 단기 강좌를 듣고, 금세 까먹고, 다시 단기 강좌를 듣는 식으로 악순환을 반복한다. 영어 문법과 달리 국어 문법은 평소에 그 쓰임을 파악해야 할 필요가 없고, 실제 언어 사용과 약간 동떨어진 내용들도 있기 때문에 단기 강좌를 아무리 들어봐야 실력이 잘 늘지 않는다. 따라서 A학생의 국어 문법 학습 방법 개선을 위해 다음과 같은 플랜을 제시했다.

우선 고2 상위권 학생임에도 불구하고 문법 용어에 대한 이해가 너무 부족했기에 일주일 동안 중학교 생활국어 교과서와 자습서로 기본 개념을 빠르게 정리하도록 했다. 그다음에는 문법 실력 기반을 다지기 위해 '수능 클릭-수능 기출문제집-비문학 쓰기 어휘 어법'이란 교재로 문법만 중점적으로 학습하도록 했다. 이를 위해 우선 각 문항 중에서 문법에 해당하는 것만 체크해 하루에 한 회씩 문제 풀이를 진행하게 했다. 문제를 풀고 해설을 통해 대략적인 문법 사항을 학습한 뒤에는 이와 비슷한 문항을 인터넷에서 다시 검색해 정리하게 함으로써 완벽하게 자기 것으로 만들도록 했다.

이렇게 딱 3개월간 주 1회 학습을 진행한 결과, 2013년 11월 모의고사 때 국어 B형에서 6개의 문법 문항 중 무려 4개나 풀어내는 쾌거를 이루었다. 3개월 전만 해도 자신이 아는 범위 내에서만 풀고 모르면 단순히 찍었던 것에 비하면 실로 놀라운 발전이었다. A학생은 주 1회 꾸준히 문법을 공부함으로써 국어 점수 최상위권을 향해 전진하겠다고 약속했다.

중학교 1학년이 끝날 무렵인 12월에 만났던 P학생은 국어만큼은 자신 있다고 말했다. 실제로 중학교 1학년 국어 평균이 85점으로 그리 나쁘지 않았다. 다만 학생이 안고 있던 고민거리는 1년 내내 점수가 그 수준에 멈춰 있다는 것이었다.

자신의 문제점을 파악하고 있다는 것만 해도 다행스러운 일이었다. 본격적인 처방을 위해 학생의 국어 학습 방법을 점검해보았다. 우선 자신이 읽은 글에 대해 설명해보라고 했는데, 여기서 문제점이 바로 드러났다. 해당 내용에 대해 깊이 생각하고 이해하는 능력이 부족했던 것이다. 단순 읽기와 암기만 해온 셈이었는데, 중학교 1학년 수준의 공부에서는 별 무리 없이 80점대를 유지할 수 있었던 것이다. 하지만 앞으로 진학해 수능형 국어를 접하게 되면 큰 폭의 점수 하락이 예상되는 상황이었다. 게다가 P학생은 글을 읽고 이해하는 능력이 또래보다 부족하다 보니 문제 풀이식 학습에 의존하는 경향을 보였고, 이는 곧 문제 유형을 암기하는 식의 학습법으로 귀결되고 있었다. 또한 독해력이 부족하다 보니 분석력, 감상력, 추론력을 발전시키는 데도 한계가 있어, 국어 실력이 더 이상 늘지 않고 있었던 것이다.

겨울방학이라는 점을 적극 활용해, 우선 '초등국어 독해력 비타민' 시리즈로 지문 내용을 이해하는 훈련을 하도록 했다. 또한 이와 동시에 글의 내용을 읽고 이야기하는 연습을 매일 30분 이상 진행했다. 특히 전체 흐름을 노트에 정리한 뒤 지문 내용과 비교해서 어떤 점을 보완해야 할지 스스로 파악하도록 했다.

처음 한 달 동안은 주로 설명문을 읽고 정리하게 함으로써 글을 내용에 맞게 배열하고 정돈하는 능력을 길러주었고, 이후 한 달 동안은 논설문을 읽고 정리하게 함으로써 주장과 근거를 구별해 도식화하는 능력을 길러주었다. 이렇게 방학 기간 동안 독해력 향상을 위한 프로젝트를 마친 뒤 3~4월에는 매일 하나씩 지문 분석을 진행하되, 내신을 위한 학습도 꾸준히 병행하도록 했다. 그 결과 2학년 1학기 중간고사에서 93점을 받았다. 처음으로 마의 90점대를 돌파한 것이다. 이를 계기로 자신감을 회복하게 된 P학생은 꾸준히 독해 지문 풀기를 수행했고, 이후 국어 상위 3%로 도약할 수 있었다.

4 자신감이 부족하고 독해력이 취약했던 고1 Y학생

고1 1학기 기말고사 후 만났던 Y학생은 국어에 대한 불안감이 상당히 컸다. 중학교 때까지만 해도 반에서 5등 안에 들 정도로 공부를 잘하는 편이었는데, 고등학교 첫 모의고사와 중간고사 때 받은 국어 점수는 너무나 충격적이었다. 줄곧 90점 이상을 받았던 중학교 시절과 달리 모의고사 점수 70점대, 중간고사 점수 80점대였다. 기말고사 때는 명예 회복을 위해 더욱 열심히 공부했지만 중간고사 때와 별반 다르지 않은 결과를 받았다. 그 때문에 Y학생은 국어에 대한 자신감을 완전히 상실했을 뿐 아니라 학습 의욕도 저하된 상태였다.

우선 Y학생의 문제점을 진단하기 위해 국어 자습서를 공부하는 과정을 살펴보기로 했다. 관찰 결과 Y학생이 중학교 때 하던 '문제 풀이 중심 공부법'에서 벗어나지 못했음을 알 수 있었다. 고등학교 공부에 필요한 '사고력 중심 공부법'으로 탈바꿈하지 못한 것이다. 이는 국어 과목에서 중학교 때까지는 중상위권이었지만 고등학교 진학 후 성적이 급락한 학생들에게서 흔히 볼 수 있는 모습이다. 따라서 Y학생의 학습법을 교정하고 국어 실력의 기반이 되는 독해력 향상을 위해 다음과 같은 플랜을 제시했다.

마침 방학이었던지라 독해력 기본기를 쌓을 수 있는 '꿈틀 고등 국어 통합 편'과 'EBS 고등 예비과정 국어' 두 권을 선정해 공부하게끔 했다. '꿈틀' 교재 지문으로는 독해 기본 문제를 풀게 했고, 'EBS' 교재로는 지문 독해 및 분석 노트 정리를 하게 했다. 문제 풀이에 대함 감이 떨어지지 않도록 함과 동시에 정확한 지문 독해로 분석력과 비판력을 함께 향상시키도록 한 것이다. 방학 동안에는 이 방법으로 계속 공부했고, 개학 후에는 내신에서도 성과를 낼 수 있는 전략을 수립했다.

고등학교 내신 국어는 점점 수능 유형으로 출제되는 경향이 있기 때문에 이에 맞춰서 지시문 분석, 문법 사항 및 용어 정리를 병행하게 함으로써 지문을 완벽히 이해할 수 있게 했다. 그 결과 중간고사 89점, 기말고사 90점이라는 성과를 거뒀고, 1학년 마지막 모의고사 점수는 85점까지 올릴 수 있었다.

중3 1학기 중간고사를 마친 뒤 찾아온 E학생은 평소 국어 시험에서 실수가 잦은 편이라고 말했다. 실제 성적도 70점대로 그리 좋은 편이 아니었다. 지문을 읽는 순간에는 분명 제대로 이해했다고 생각했는데, 막상 문제를 풀다 보면 처음에 생각한 것과 전혀 다른 관점에서 답을 고르게 되는 경우가 많았다고 한다. 즉 지문 자체를 읽고 해석하는 능력에는 별 문제점이 없었으나, 이를 논리적으로 분석해 내는 능력이 부족하다 보니 문제를 풀 때 자꾸만 실수를 하게 됐던 것이다. 이를 개선하는 것이 E학생의 국어 실력 향상을 위한 핵심 포인트였다.

고등학교 입시에 필요한 중학교 내신이 아직 마무리되지 않은 상태였기 때문에 내신 학습을 중심에 두되 기존에 E학생이 했던 것과 다른 방식의 공부법을 제시했다. 그때까지 E학생은 교과서 정리본을 읽고, 문제집 정리본을 읽은 뒤 문제를 푸는 방식으로 공부했다. 그런데 이번에는 교과서를 읽고 바로 문제를 풀어보는 방식으로 바꿨다.

교과서와 문제집의 핵심 내용에 대한 정리본을 읽지 않고 바로 문제 풀이에 들어가도록 한 것이다. 분석력이 부족한 학생일수록 본문 내용을 체계적으로 정리해서 문제에 적용하는 데 어려움을 느끼는데, 기존의 학습 방식은 본문 내용을 스스로 정리해볼 수 있는 기회를 박탈해버린다. 따라서 교과서를 읽고 바로 문제를 풀면서 지문 내용을 스스로 정리하고, 이를 바탕으로 지문의 구조를 조직화하도록 한 것이다.

처음에는 문제에 대한 해설을 스스로 써보는 방식으로 글의 구조를 체계화하도록 했고, 이 학습법에 익숙해진 뒤에는 중간 중간에 지문 내용에 대한 질문을 던지면서 정리하도록 유도했다. 한편 고등학교 진학 후 국어에서 고득점을 하기 위해서는 중학교에서 배우는 문학 장르에 대한 기본 학습도 충실히 이루어져야 했기에 장르별 특징을 제대로 학습해 두게끔 했다.

처음에 E학생은 본문 내용 정리본을 보지 않고 바로 문제를 푸는 일에 상당한 불안감을 보였지만, 차츰 새로운 공부법에 익숙해지면서 지문 분석 및 정리에 자신감을 보이기 시작했다. 1학기 기말고사 때에는 새로운 공부법을 적용한 기간이 짧았기 때문에 중간고사 때와 크게 다르지 않은 점수가 나왔다. 하지만 방학 기간 동안 충실히 공부한 후 2학기 때는 스스로 분석 노트를 작성하고, 학습한 내용에서 질문거리를 짚어낼 수 있을 만큼 실력이 향상되어 있었다. 그 결과 고등학교 진학 후 첫 모의고사 국어 과목에서 1등급에 오르는 쾌거를 이룰 수 있었다.

6 감상력이 부족했던 고2 S학생

S학생은 수능 모의고사 국어 과목에서 3등급을 받고 있었다. 성적을 향상시키기 위해 각고의 노력을 기울이고 있었지만 결과는 늘 제자리걸음이었다. 고1 생활을 마감하던 즈음 자신이 문학 파트에서 부족하다는 점을 깨달은 S학생은 겨울방학 때 특단의 조처로 문학 특강까지 들었다. 그러나 고2 첫 모의고사에서 등급 상승은커녕, 너무 문학 학습에만 치중

한 까닭에 오히려 원점수가 하락하고야 말았다.

이런저런 고민 끝에 상담을 받으러 온 S학생은 국어 공부에 대한 의지만큼은 정말 높아 보였다. 스스로 지문을 해석하고 문제집을 풀 정도로 국어 공부를 좋아했다. 하지만 자신이 그토록 좋아하는 과목에서 성적이 나오지 않았던 까닭에 '자신은 원래 국어가 안 되는 사람'이라는 자괴감에 빠져 있었다.

상담을 진행하면서 가장 눈에 띈 문제점은 바로 '백과사전식 문학 학습'이었다. 그동안 주제, 구성, 특징 등 흔히 자습서에서 중요하다고 정리해 놓은 내용을 중심으로 암기하는 방식의 학습만을 해온 것이다. 감상력이 부족한 여느 학생과 다름없이 S학생도 기본적인 독해력이 부족했는데, 이 부분에 대한 자각 없이 무조건 암기하며 학습한 것이 국어 실력 향상에 걸림돌이 되고 있었다. 따라서 S학생에게 그러한 문제점을 충분히 설명한 뒤, 다음과 같은 플랜을 제시해 학습하도록 했다.

문학 독해력을 키우기 위해 우선 기본 단어, 용어, 장르별 특징을 정리하게 한 뒤, 교과서에 수록되어 있는 논설문과 설명문을 중심으로 독해 훈련을 진행했다. 특히 그동안 문학을 작품 그 자체로 이해한 경험이 부족한 학생이었기에 문학을 감상하는 올바른 원칙을 알려주고, 이를 기반으로 스스로 '여우래 중등 국어 문학 편'에 나오는 문학 작품을 정리해보도록 유도했다. 소설은 갈등과 사건 및 인물을 중심으로 정리하도록 했으며, 시는 시적 화자와 표현법을 중심으로 정리하도록 했다. 그런 다음 해설지와 자신이 정리한 내용을 비교하면서 다시 확인해보도록 했다.

고전 문학의 경우는 교과서에 나오는 고전 문학 장르에 대한 이해를 기반으로 교과서 내용을 학습하는 것을 우선순위로 잡았다. 이와 더불어 고대·중세·근대 국어의 문법 파트를 함께 정리하여 고전 문학 이해의 기반을 다질 수 있도록 했다. 그다음으로는 기출 문제를 주 1회 이상 풀도록 해, 문제 풀이에 대한 감을 잃지 않게 했다. 특히 이때 직접 틀린 문제에 대한 해설을 써봄으로써 문학 문제의 출제 의도를 파악하는 훈련을 하는 것도 잊지 않았다.

이와 같은 노력의 결과, S학생은 고2 마지막 모의고사에서는 2등급을 달성했고, 최종적으로 고3 수능에서는 1등급에 오를 수 있었다.

7 추론력이 부족했던 중2 C학생

중학교 2학년에 막 올라가던 C학생은 국어 학습에서 전반적으로 누수가 많은 학생이었다. 하지만 어렸을 때부터 책을 많이 읽어온 터라 문학 작품을 이해하거나 감상하는 능력은 누구보다 탁월했으며, 교내 독후감상도 여러 번 수상했을 정도로 감상력에 관한 한은 누구에게도 뒤지지 않는 실력을 갖고 있었다. 다만 문제는 이러한 문학적 감수성이 내신 시험 점수와 직결되지 않는다는 데 있었다. 어머니는 늘 책을 많이 읽는 C학생의 국어 점수가 잘 나오지 않는 것을 이해하기 어려워했고, C학생 역시 글짓기 실력이 뛰어난 자신의 국어 성적이 형편없는 이유를 몰라 스트레스를 받고 있었다.

이 학생의 경우 기본적인 단어나 용어의 활용을 매우 잘하는 편이었지만, 이것이 주로 문학적 사용에만 집중되어 있다는 것이 문제였다. 논설문이나 설명문의 경우 지문 자체에 대한 사실적 이해에 그칠 뿐 한 단계 더 나아간 분석이나 추론이 거의 이루어지지 않고 있었다. 따라서 이러한 점을 바탕으로 다음과 같은 플랜을 제시했다.

무엇보다 중요한 것은 자신의 글쓰기 실력을 과신하고 있는 학생을 설득하는 일이었다. 독후감 실력을 교내외에서 인정받고 있었던 터라 자신의 실제 실력에 대한 냉철한 피드백을 받기를 꺼려했기 때문이다. 따라서 객관적인 근거를 보여줄 필요가 있어 논술시험을 치르게 했고, 이 방법은 꽤 효과적이었다. 이를 통해 논리적으로 글을 쓰는 실력이 본인 생각보다 낮은 수준임을 직시할 수 있었던 것이다.

학생과의 의견 조율을 통해 우선 '한끝 통합 편'을 교재 삼아 주 3회 독해력 향상 프로그램을 진행한 뒤, 실제 독해 문제집의 사실 및 추론 영역에 해당되는 문제 풀이를 진행했다. 이때 사실적 이해에 해당하는 문제를 먼저 풀어보게 함으로써 내용을 숙지하게 한 뒤, 제시된 지문 뒤에 전개될 만한 내용이 무엇인지 혹은 그 앞에 전개되었을 만한 내용이 무엇인지 스스로 생각해 정리해보게 했다.

또한 추론력이 필요한 문제를 풀 경우, 선택지를 보지 않고 서술형으로 답변해보게 했다. 글쓰기를 좋아하는 학생의 성향을 접목함으로써 흥미를 잃지 않도록 유도한 것이다. 이 과정을 반복하고 나자 추론력을 묻는 문제를 풀 때 선택지를 제대로 읽어보지 않던 습관이나 실수가 절반 이상 줄어들었다.

다음 단계로 '단감 국어 통합 편' 시리즈를 주 1회 정도 꾸준히 공부하는 플랜을 세워 분석 및 추론력을 지속적으로 쌓아갈 수 있도록 했다. 이후 어느 정도 실력이 쌓였다고 판단되던 11월부터는 '꿈틀 수능 기본 완성' 문제집을 통해 고등학교 수능 실력까지 한꺼번에 잡을 수 있게 했다.

또한 '중등 논술 완성' 기본 편과 발전 편을 연이어 학습하게 함으로써 글쓰기 실력이 녹슬지 않도록 관리해주었다. 이와 같은 학습 결과, 논리적 비약이 심했던 글쓰기 습관이 사라졌고, 분석적·비판적 사고력이 크게 향상되어 글쓰기에서 더욱 두각을 나타냈다. 실제 이 학생은 모 자사고 자기주도학습 전형에서 내신 성적이 타 학생에 비해 불리했음에도 자기주도학습 계획서에서 높은 점수를 얻어 당당히 합격했다.

신체 나이, 피부 나이가 있듯이 공부에도 나이가 있다. 생물학적으로는 같은 나이라도 공부 나이는 천차만별이다. 지금 우리 아이는 자기 나이에 걸맞게 공부하고 있을까? 이제부터라도 각 과목별 공부 나이를 정확히 측정해 '맞춤형 학습법'을 제시할 필요가 있다. 공부 나이를 높여야 대학이 보인다.

Chapter 2

영어 나이

영어 나이란 무엇인가

진도 나이(알고 있다)와 실력 나이(할 수 있다)라는 추상적인 개념을 구체화하여 영어 과목에 적용시키면 아래 표와 같은 영어 나이 결정 요소들을 구성할 수 있다.

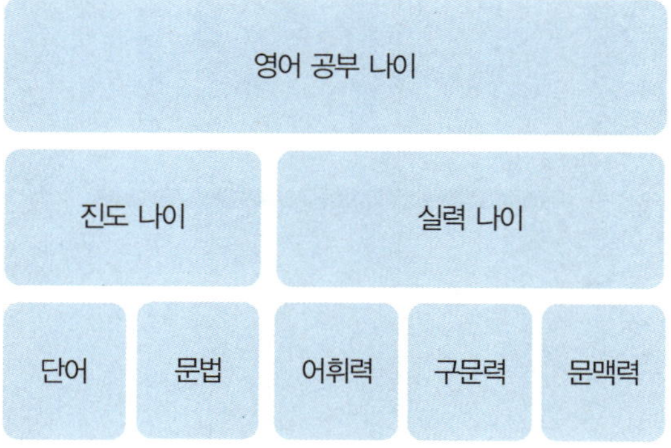

'영어' 하면 누구나 단어를 암기하고 문법책을 공부하는 기초적인 단계를 떠올린다. 물론 내신 시험에서는 단어와 문법 그 자체를 묻는 문제

도 나온다. 그러나 수능시험에서는 단어와 문법을 얼마나 아는지 직접 물어보기보다 지문을 통해 해당 능력들을 물어본다. 다시 말해 지문에 쓰인 단어의 의미를 파악하고 문장의 구조를 볼 줄 아는지, 이를 통해 정확한 문장의 의미를 이해할 수 있는지 물어본다는 것이다. 또 글을 구성하는 문장들 간의 흐름과 맥락을 파악하여 전체적인 내용을 정확하게 이해할 수 있는지도 물어본다. 이때 기반이 되는 단어 암기와 문법 지식이 바로 진도 나이를 구성하게 되며, 이를 독해지문에서 활용할 줄 아는지를 가늠하는 어휘력과 구문능력 그리고 전체 흐름에 대한 문맥력을 종합하여 실력 나이를 구성하게 된다.

영어 나이도 국어 나이와 마찬가지로 가능한 한 진도 나이를 먼저 점검해보도록 하자. 영어는 외국어다. 단어와 문법을 모르면 단 한 발짝도 앞으로 나아갈 수가 없다. 비록 수능에서는 종합적인 능력을 묻는다고 하지만, 그 첫걸음은 진도 나이 구성에서 시작된다. 영어 나이 챕터에서도 진단과 처방을 제시하며 중간에 예제들을 실었다. 자신의 영어 나이를 가늠할 때 어떤 유형의 문제를 참고하면 좋을지 제시한 것이다. 여기서도 예제가 자기 학년 수준에 맞는 것이라면 풀어보고 정답도 여러 방법으로 직접 찾아보자. 자신의 학년에 맞는 수준이 아니라면, 제시한 유형과 같은 문제들을 각자 가지고 있는 교재에서 찾아 풀어보도록 하자. 그리고 그 결과에 따라 해당 '나이' 가 부족하다고 판단되는 부분은 이 책에 실린 '처방' 에 따라 반드시 보완하도록 하라.

영어 진도 나이

01

1. 단어 실력이 어휘력을 좌우한다

단어 나이 진단

10년째 학부모 상담을 하며 늘 듣는 푸념 섞인 레퍼토리가 있다. "우리 애는 손으로 쓰면서 단어 외우는 걸 싫어해요." 물론 같은 단어를 반복해서 쓰며 외우는 행위를 즐거워한다는 것은 사실상 불가능한 일이다. 그러나 외국어를 배울 때 단어에 대한 기계적 암기는 피할 수 없는 과정이다. 특히 독해를 위해서는 문법 실력도 중요하지만 단어 실력이 필수적으로 뒷받침되어야 한다.

다만 여기서 '단어'라고 함은 뒤에 나올 실력 나이의 '어휘'와는 다른 개념이다. 어휘는 지문에서의 쓰임을 고려하여 문맥상 흐름에 따른 의미 변화까지 반영하는 개념이다. 반면 단어를 안다는 것은 이런 쓰임과 무관하게 특정 단어의 개별적인 뜻을 인지하고 있음을 의미한다. 단어와 단어의 뜻을 한데 모아놓은 Vocabulary 교재를 떠올리면 된다. 같은 단어라도 다른 의미의 어휘로 활용될 수 있다. 결국 단어 나이가 높아야 어휘 나이를 높일 수 있고, 어휘 나이가 높아야 독해가 쉬워진다.

단어 암기는 그 단어의 쓰임과 무관하게 기본적인 뜻을 아느냐 모르느냐의 차원이기 때문에 진도 나이로 구분된다. 반면 단어의 기본적 의미를 기반으로 문맥상의 쓰임을 구별해 낼 수 있는지를 따지는 어휘력은 '할 수 있느냐 없느냐'의 문제이므로 실력 나이로 구분된다.

단어 나이가 낮을 경우 기본적인 공부 습관에 대한 점검부터 단어집의 선택 및 공부 방법에 대한 업그레이드까지 여러 가지를 동시에 고민해야 한다. 단어 나이가 낮을 때의 처방은 뒤에서 알아보기로 하고 우선 어떻게 진단하는지 문제를 통해 알아보자. 크게 4가지 유형으로 나눌 수 있다.

❶ 영어 단어의 의미를 한글 뜻과 연결 짓기

예제 | 다음 단어의 의미가 잘못 짝지어진 것을 고르시오.

① favorite: 가장 좋아하는

② pollution: 오염

③ subject: 과목

④ dessert: 사막

⑤ last: 지속되다

❷ 단어의 변형이나 문법적 쓰임에 따른 적절한 표현 찾기

예제 | 다음 [보기]와 같이 단어의 형태를 변형시킨 것 중에서 잘못된 것을 고르시오.

[보기] do : did : done

① go : went : gone

② drop : droped : droped

③ catch : caught : caught

④ meet : met : met

⑤ play : played : played

❸ 영영사전의 의미에 해당하는 적절한 단어 찾기

예제 | 다음 영영풀이가 뜻하는 단어를 고르시오.

a person who has authority to make decision about play in many sports

① substitute

② manager

③ reference

④ hooligan

⑤ sentry

예제 | 다음 중 동의어가 잘못 짝지어진 것을 고르시오.

① go on : continue

② make sure : check

③ give up : abandon

④ in order to : os as to

⑤ long time ago : before long

이렇게 4가지 문제 유형으로 단어 나이를 진단해볼 수 있다. 위에서 제시한 예제들은 중학교 수준의 단어들이니 고등학생의 경우 자신의 교재에서 단어 테스트를 할 수 있는 문제들을 골라 진단해보자. 이때 자기 나이와 학년 수준에 맞는 단어 실력을 가진 것으로 진단된다면 문법 공부에 좀 더 비중을 둘 수 있을 것이고, 반대의 경우라면 단어 실력을 먼저 강화해야 할 것이다. 다시 강조하지만, 단어 암기는 영어 공부의 시작이자 끝이므로 진단 결과에 따라 단단히 각오하고 도전해야 한다. 그렇다면 단어 나이를 높일 수 있는 가장 효과적인 암기법은 무엇일까?

단어 나이 처방 1 　　대범하게 여러 번 공부하라

학생들의 공부 방식이나 성향을 관찰해보면 여러 유형이 나타나는데 그중에서 가장 대표적인 유형이 '과잉 꼼꼼형'과 '과잉 대범형'이다.

과잉 꼼꼼형은 작은 것 하나에 너무 집착해서 숲을 보지 못하는 경우를 말한다. 이런 학생들은 영어 단어를 외울 때도 잘 외워지지 않는 단어가 있으면 거기에 매달려 끙끙대느라 진도를 나가지 못한다. 상담할 때 학생들의 교재를 펴보지 않고도 그들의 공부 성향을 분석하는 방법이 하나 있다. 바로 책 옆에 손때가 묻은 상황을 보는 것이다. 영어 단어집을 보면 대부분 손때의 'gradation'이 나타난다. 처음에만 꼼꼼히 공부하다가 제 풀에 지쳐 나중에는 진도를 나가지 못하기 때문에 생긴 흔적이다.

하지만 이렇듯 과도하게 꼼꼼한 방식은 영어가 아니라 수학에 더 어울린다. 영어 단어 공부는 연애하는 것과 같아서 가는 단어 잡지 말고 오는 단어 막지 말아야 한다. 잘 안 외워지는 것에 너무 집착하지 말고, 잘 잊어버리는 것에 너무 좌절할 필요가 없다. 그냥 그 상황을 즐기는 편이 낫다. '앗! 또 까먹었네. 에이, 다시 외워야지 뭐' 하는 식으로 받아들여야 한다. 여러 번 까먹고 다시 외우는 과정이 영어 단어 암기의 본질이다. 그러니 영어는 좀 대범하게 공부할 필요가 있다.

60일치로 구성된 단어집이 있다고 하자. 이것을 60일 동안 꼼꼼하게 외운 학생과 20일 동안 열심히 외우고 40일은 놀아버린 학생이 있다면 둘 중 누가 더 많이 기억하고 있을까? 정답은 둘 다 '거의 까먹는다' 이다. 어차피 영어 단어는 까먹게 되어 있다. 그렇다면 가장 효과적인 암기법은 무엇일까? 20일 동안 한번 외우고, 20일 동안 또 한번 외우고, 20일 동안 다시 한번 외움으로써 60일 동안 3번 반복하는 게 최고다.

다시 한번 강조하겠다. 영어는 좀 더 대범하게 공부하도록 하라. 전체를 일단 섭렵해보고, 까먹은 것은 까먹은 대로 두고 다시 한번 전체적으로 읽어보고 써보고 공부하라. 이런 과정을 여러 번 반복하는 게 훨씬 효과적이다. 반면 앞에서 말한 대로 수학이나 사회, 과학 계열은 꼼꼼하게 공부하는 게 맞다. 눈앞의 과제를 해결하는 데 급급해 대충 해답지를 들춰 보며 하는 것이 아니라 혼자 힘으로 끙끙 앓으며 고민해봐야 실력이 는다. 아무튼 이번 장은 영어에 관한 것이니 수학 얘기는 그만하고 다시 본론으로 돌아가자.

영어 단어를 외울 때 단어장을 만드는 것이 필수라고는 볼 수 없지만, 아무래도 단어장을 스스로 만들어 공부하면 대범한 반복에 따른 각인 효과를 더욱 높일 수 있기는 하다. 다만 모르는 단어를 몽땅 기록해두려고 애쓸 필요는 없다. 동의어와 유의어가 많은 단어, 명사형·형용사형·부사형이 변화무쌍한 단어, 단어 하나가 여러 의미로 쓰이는 단어 등이 나올 때 정리해두면 요긴하다. 특히 학년이 올라감에 따라 이런 단어들을 반복해 정리하면 저절로 자주 접함으로써 세트로 외울 수 있게 된다.

❶ 발음기호부터 공부하라

생활 영어가 강조되다 보니 회화 표현에는 능숙하지만 발음기호를 몰라 사전을 찾아도 어떻게 소리가 나는지 모르는 경우가 많다. 초등학교 때까지는 발음기호를 몰라도 큰 문제가 되지 않는다. 하지만 중학교에 들어가면서부터는 사정이 달라진다. 새로운 단어가 확 늘어나게 되는데 그때마다 누군가가 일일이 발음을 가르쳐주는 것이 아니다. 사전을 찾아 발음기호를 보고 파악할 수 있어야 한다. 발음을 모르는 상태로 단어를 외우는 것과 아는 상태로 외우는 것은 하늘과 땅만큼 큰 차이가 난다. 발음을 모르면 반복 학습의 효과도 확 줄어들게 된다.

❷ 테마가 다른 단어집 두세 권을 반복해 암기하라

단어 학습에 조금이라도 흥미를 붙이고 싶다면 테마가 다르게 구성된 단어집 두세 권을 일정 주기별로 학습해볼 것을 권한다. 시중에 나와 있는 교재를 보면 대부분 실려 있는 단어 내용이 비슷하다. 그러나 단어 배열 방법이나 교재 구성 방법에서는 약간씩 차이가 난다. 이를테면 아래와 같은 여러 방식으로 단어집이 구성되어 있다.

① 단어와 뜻을 최대한 많이 담아 놓은 단어집.
② 신체, 학교, 동물, 사람, 직업 등 테마가 정해져 있는 단어집.
③ 어원을 바탕으로 구성된 단어집.
④ 학습 방법을 함께 제시한 단어집.

이외에도 다양한 주제로 구성된 단어 교재들이 많다. 다양한 교재를 동시에 활용하라는 데는 이유가 있다. 첫째, 실려 있는 단어 내용은 비슷하므로 반복 학습 효과를 거둘 수 있다. 둘째, 구성 방식이 다양하므로 반복에 따른 지루함을 어느 정도 해결할 수 있다. 셋째, 같은 단어라도 쓰임새가 다양하다는 사실을 여러 교재를 통해 알 수 있다. 그런데 이 공부법을 채택할 때는 무리한 계획을 세워서는 안 된다. 이를테면 2개월 안에 교재 3권을 모두 외운다는 식이어서는 곤란하다는 것이다. 그보다는

6개월 동안 3권을 '1회독' 한다는 식으로 긴 주기를 갖고 계획을 세우는 게 좋다. 1회독에는 시간이 많이 걸리지만, 그다음 2회독, 3회독으로 넘어가면 4개월, 3개월 식으로 시간이 단축된다.

❸ 종이 사전과 전자 사전의 장점을 최대한 활용하라

일반적으로는 영어 공부를 할 때 종이 사전을 활용하라고 권한다. 하지만 종이 사전과 전자 사전의 장점이 각각 다르므로 상황에 맞게 둘 다 활용하는 것이 좋다. 종이 사전의 장점은 단어의 스펠링을 정확히 알아야 원하는 뜻을 찾을 수 있다는 데 있다. 또한 내가 원하는 단어를 찾다 보면 주변에 배치된 비슷한 스펠링을 가진 단어들도 함께 확인할 수 있다. 따라서 종이 사전은 단어 암기와 확인을 할 때 활용하면 좋다.

이에 비해 전자 사전의 장점은 빠르게 찾을 수 있다는 것이다. 독해 과정에서 모르는 단어가 나와 해석이 안 될 때, 시험 기간과 같이 짧은 시간 내에 단어를 정리해야 할 때 활용하면 좋다. 또한 요즘 전자 사전에는 발음을 들을 수 있는 기능이 있으므로 이를 활용하면 효과적이다.

2. 문법은 영어 실력 향상을 위한 베이스캠프다

문법 나이 진단

현실에서는 영어를 말할 줄 알고 쓸 줄 아는 게 가장 유용하다. 그러나 입시영어에서는 사정이 좀 다르다. 어법 문제와 독해 문제를 잘 풀 수 있어야 한다. 이 둘을 잘하기 위해 필요한 기초 지식이 바로 단어와 문법이다. 영어에서 시간과 노력이 가장 많이 드는 부분이기도 하다. 단어는 앞에서 살펴보았으니, 이번에는 문법 나이에 대해 알아보자.

시험에서 문법이 활용되는 방식은 두 가지다. 하나는 문법 사항 그 자체를 정확히 이해하고 있는지를 묻는 문제, 또 하나는 해당 문법을 적용해서 독해를 정확히 해낼 수 있는지를 묻는 문제다. 그런데 이런 문법들이 단순 암기만으로 해결되는 것이 아니라는 데 어려움이 있다. 당연히 학생들에게 인기가 없음은 물론이다.

어쨌거나 문법 공부에 노력을 기울이지 않으면 학년이 올라갈수록 영어 공부가 고달파진다는 것만은 분명하다. 중학교 저학년 때까지는 문법 사항이 비교적 단순하고 독해문장도 그다지 어렵지 않기 때문에 단순 암기만으로도 버틸 수 있다. 하지만 학년이 올라가고 고등학교에 진학하게 되면 고급 문법사항들이 적용된 문장들이 많아지고 문장 자체도 길어진다. 따라서 자기 학년과 나이에 필요한 문법 지식을 갖춰야만 한다.

문법의 진도 나이는 해당 학년에 중점적으로 알아야 할 문법 지식들을 문제화해 물어봄으로써 측정할 수 있다. 문제 유형들은 크게 3가지로 나눌 수 있다.

❶ 겉보기에 같은 표현이라도 상황이나 문장에 따라 다른 용법이나 의미로 사용되는 것들을 구별해내고 사용할 수 있는지를 묻는 문제

예제 | 다음 밑줄 친 부분의 의미가 나머지 넷과 다른 것을 고르시오.

① <u>When</u> is your birthday?

② I call Jessica <u>when</u> I am sad.

③ I ran out <u>when</u> I saw Tom.

④ <u>When</u> you leave, turn off the lights.

⑤ <u>When</u> I woke up, the sun was shining.

❷ 어법상 자연스러운 혹은 어색한 표현을 찾아내고 적절한 표현을 넣을 수 있는지 묻는 문제

예제 | 다음 중 어법상 어색한 문장을 고르시오.

① How delicious!

② What a great view!

③ How lovely children!

④ How dirty the cat is!

⑤ What great movies they are!

❸ 같은 의미를 지닌 다른 표현법들을 알고 있는지를 묻는 문제

예제 | 다음 중 분사구문으로 바꾼 것이 잘못된 것을 고르시오.

① As I was in a hurry, I didn't stop to speak him.

→ Being in a hurry, I didn't stop to speak him.

② If you turn to the left, you'll find the supermarket.

→ Turning to the left, you will find the supermarket.

③ Because he didn't know what to do, he just stood and looked on.

→ Knowing not what to do, he just stood and looked on.

④ When night came on, we started for home.

→ Night coming on, we started for home.

⑤ As I have lost my wallet, I cannot buy the bag.

→ Having lost my wallet, I cannot buy the bag.

긴 문장을 해석하는 데 자신감이 없거나, 어법상 옳고 그름을 찾아내는 문제를 자주 틀린다면 문법 나이 부족일 가능성이 높다. 또한 문법 강의를 듣고 공부했음에도 문법 문제에 익숙하지 않다면 별도의 노력이 필요하다. 자, 그럼 구체적으로 문법 나이를 향상시키기 위한 최적의 방법은 무엇인지 살펴보도록 하자.

문법 나이 처방 1　문법이 포함된 예문을 통째로 암기하라

영어 문법 공부를 몇 번이나 반복했는데도 나중에는 도통 기억이 나지 않는 경우가 많다. 또 분명 공부했다고 생각했는데 막상 문법 문제를 만나면 틀리게 된다. 다시 말해 단어 암기는 시간을 들여 공부하면 그래도 어느 정도 결과가 나오는 반면, 문법은 투입 시간에 비해 만족스런 결과가 나오지 않는 경우가 많다는 것이다.

학생들이 간혹 '문법 공부 필요 없다', '문법 지식 없이도 영어에 통달할 수 있다'는 광고성 문구에 솔깃해지는 데는 다 이유가 있다. 문법은 영어 공부 중에서 유일하게 구조화된 지식을 이해해야 정복할 수 있는 속성을 가지고 있기 때문이다. 쉽게 말해 무작정 암기해서는 끝이 안 보인다는 것이다.

문법 나이가 부족하다는 진단이 나오면 어떻게 해야 할까? 우선 단계를 좀 나눠서 생각해봐야 한다. 기본적인 문법 사항에 대한 지식을 물어보는 문제와 어법상 옳은지 그른지를 묻는 문제로 나눠보자. 전자와 후자가 모두 부족하다면 당연히 문법 교재를 1챕터부터 순서대로 복습하는 게 우선일 것이다. 그러나 전자는 괜찮고 후자만 틀리는 경우라면 어법 문제집을 풀어본 후 취약한 챕터를 선별적으로 복습하는 것이 옳은 처방이다.

특히 문법 강좌를 제대로 듣지 않고 진도만 훑어본 경우라면 문법 수업을 잘 듣고 예습과 복습을 하기 위한 전략을 수립하는 것도 매우 중요하다. 수업 전에 미리 읽고 궁금증을 만드는 작업부터 수업시간 동안 빠짐없이 적으려는 필기 태도, 그리고 수업 후에 배운 내용을 낱낱이 암기하고 이해하려는 노력이 뒷받침되어야만 한다. 그래야 수업을 들을 때에만 알 것 같은 느낌에서 졸업할 수 있다.

영어 문법은 '이해'가 선행돼야 실력이 느는데, 다만 이해 과정은 수학과 정반대다. 수학은 먼저 개념을 이해하고 문제를 풀어본 다음 반복을 통해 풀이 패턴을 암기하는 식이라면, 영어 문법은 먼저 외우고 반복하다 보니 전체 구조가 연결되면서 비로소 이해하게 되는 방식이다. 그래서 영어 문법은 '선암기-후이해'의 특성을 지닌다. 선암기 때 가장 효율적이고 효과적인 방법은 문법 사항을 포함하는 예문을 통째로 암기하는 것이다. 문법 사항 자체를 외우는 방법도 있지만, 이 경우 아무래도 시간이 오래 걸리고 효과도 적으며 실전에서 적용하는 데 어려움이 있다. 오히려 예문들을 암기해두면 실전에서 활용하기에 용이하다. 대표 예문을 골라서 정리해 '예문 암기장' 을 만들어두는 것도 좋은 방법이다.

영어 공부에 관해 상담하다 보면 상위권이건 하위권이건 하나같이 문법이 제일 약하다고 하소연한다. 그만큼 문법은 누구나 어려워하는 분야라는 것을 알 수 있다. 이는 문법에서 사용하는 용어 자체가 익숙하지 않을뿐더러 문법 공부를 상대적으로 소홀히 하기 때문이기도 하다. 문법을 정확하게 알지 못해도 지문 해석에서 큰 어려움을 느끼지 않기에 소홀해지는 것이다. 그러나 분명한 것은 학년별로 필수 문법을 정확히 이해하고 나면 좀 더 효과적으로 영어 공부를 할 수 있게 된다는 것이다. 그럼 구체적으로 어떻게 해야 할까?

❶ 문법 용어부터 정확하게 공부하라

학생들에게 '현재 완료' 를 설명해보라고 하면 여러 대답이 나온다.

"have + p.p.요."

"과거의 일이 현재에 관련 있거나, 현재까지 영향을 주는 시제요."

"경험, 계속, 결과, 완료 용법이 있어요."

이중 현재 완료를 제대로 설명한 것은 무엇일까? 두 번째 대답이다. 하지만 많은 학생들이 첫 번째 방식으로 대답한다. 왜냐하면 현재 완료의 정의를 제대로 이해하지 않고 수학 공식처럼 외우기만 했기 때문이다. 하지만 명심하라. 문법 용어의 개념을 정확히 이해하고 넘어가지 않으면, 해당 문법을 적용할 때 부정확하게 사용할 수 있을뿐더러 이후 다른 문법들을 공부할 때도 어려움이 발생할 수 있다. 수학에서도 공식을 외우기 전에 개념 정리를 먼저 하는 것과 같다고 생각하면 된다.

❷ 첫 번째 문법 교재의 예문은 암기하라

문법을 설명한 뒤 가장 처음에 나오는 예문은 암기해 두는 것이 좋다. 예를 들어 앞에서 언급한 현재 완료 파트에서 개념을 설명한 뒤 바로 "I have been to Europe before"와 같은 예문이 나왔다면 이를 암기하는 것이다. 물론 해당 문장에서 현재 완료가 적용된 부분을 인식하며 외워야 한다. 특히 본격적으로 문법을 처음 공부하는 중학생이라면 더욱 명심해야 한다. 전체적인 문법 체계보다는 각 개념별로 공부를 시작하는 단계이므로 이때 대표적인 예문을 암기해두면, 나중에 학년이 올라가서 문법 활용과 문장 구성을 심화할 때 큰 도움이 된다.

❸ 문법 분류에 따라 적절한 학습법을 적용하라

문법 사항에 따라 '이해'가 강조되는 것과 '암기'가 강조되는 것이 있다. 문장의 형식이나 종류, 명사, 관사, 전치사 같은 개념은 암기가 강조된다. 이에 비해 동사 및 시제, 태, 부정사, 동명사 같은 개념은 이해가 강조된다. 이는 해당 문법이 비교적 단순하게 사용되는 것인지, 용법에 따라 다양하게 활용되는 것인지에 따라 달라지는 것이다. 따라서 공부법도 달라야 하는데, 용법에 따라 활용이 다양한 경우는 해당 문법이 예문에서 어떻게 적용되는지 꼼꼼하게 파악하며 읽어보는 것이 좋고, 비교적 단순하게 적용되는 문법의 경우에는 빈칸을 채워 넣는 문제를 풀어보며 암기와 적용을 반복 연습하는 것이 좋다.

❹ 설명이 쉽고 문장 분석 및 끊어 읽기가 제대로 구성된 교재에서 시작하라

문법이 취약한 학생이 사실상 기초 단계부터 시작하려 한다면 다른 사람의 설명 없이 '쉽게 이해할 수 있는' 교재를 선택하는 것이 좋다. 중학생의 경우, 만약 중학교 교재가 어렵게 느껴진다면 초등학생용 교재에서부터 시작하라. 전혀 부끄러운 일이 아니다.

초등학교에서부터 고등학교에 이르기까지 문법 용어와 개념, 기본 내용은 크게 달라지지 않는다. 다만 단어나 문장의 수준이 점점 높아지고, 새로운 심화 용법 몇 가지가 추가되고, 문법 문제의 형태가 바뀌는 정도이다. 그러므로 문법의 기초가 약한 학생들은 쉽고 상세하게 설명된 교재부터 시작해 기초를 쌓고, 다음 학년(혹은 다음 단계) 교재를 차근차근 공부해 나가는 것이 바람직하다.

영어 실력 나이

02

1. 어휘력, 문장 해석이 '통'하게 하는 힘

어휘력 나이 진단

단순히 단어를 많이 아는 것만으로는 부족하다. 단어가 문장 안에서의 쓰임에 따라 어떤 의미를 지니는지를 알아야 하는데, 그것이 바로 어휘력이다. 사실 단어 자체만 물어보는 문제는 중학교 저학년 때나 주로 나오고, 학년이 올라감에 따라 대부분 독해 지문 안에서의 쓰임과 연결된 문제로 출제된다. 따라서 지문 안에서 단어의 적절한 쓰임을 간파해 독해에 '활용할 수 있느냐'의 문제이므로 실력 나이로 구분된다.

단어 실력이 높으면 그만큼 어휘력이 높아질 가능성은 커지지만, 그렇다고 해서 어휘력을 보장해주는 것은 아니다. 아무리 단어를 많이 알아도 문장 안에서 독해에 적용해본 적이 없다면 어휘 나이가 높아지지 않는다는 뜻이다. 간혹 단어 나이가 높지 않음에도 어휘 나이가 높게 나오는 경우도 있는데, 아는 단어에 한해서만큼은 쓰임을 잘 알고 있기에 나타나는 현상이다. 어쨌든 단어를 어휘로 적용할 수 있는 능력은 학년이 올라갈수록 중요해진다. 중학교 때까지는 몰라도 고등학교에서는 확연한 점수 차이로 드러난다. 어휘 나이가 왜 중요한지 예문을 통해서 구체적으로 알아보자.

> When she appeared in court she exercised her right to remain silent.

중학교 수준에서 이 문장을 해석하라고 한다면 어떻게 할까? 단어 exercise의 의미를 단순히 '연습하다, 운동하다'로 외운 학생이라면 무척 난감해할 것이다. 이 문장에서 exercise는 '(권력, 권리, 역량 등을) 행사하다'라는 의미로 사용된 것이다. 그러면 이렇게 생각할 수도 있다. 단어를 외울 때 여러 가지 뜻을 다 외우면 되는 것 아닌가 하고 말이다. 틀린 말은 아니다. 다만 여러 뜻을 무작정 외운다고 외워지는 게 아니라는 데 있다. 위 예문에서처럼 문장 안에서의 '쓰임'을 보며 공부해야 비로소 내 것이 된다.

어휘력 나이는 어떻게 진단할 수 있을까? 가장 기본적이면서도 효과적인 방법은 같은 단어의 다른 쓰임이나 의미 등을 물어보는 것이다. 문제 유형은 여러 가지일 수 있으나 묻고자 하는 핵심은 거의 동일하다.

아래 예제를 통해 어떤 유형의 문제가 어휘력 테스트에 적합한지 파악할 수 있을 것이다. 자신이 갖고 있는 문제집이나 자습서 등을 통해 어휘력을 점검해보자.

136

Men and women ⓐ_______ very different in their shopping style. For men, shopping ⓑ_______ work. For women, (A)_______, shopping ⓒ a social activity that takes time. Why ⓓ_____ there a different? It goes back to early times when hunted animals and women gathered fruits and vegetables. When men found an animal they wanted to hunt, they killed it and returned home quickly. This took a short time. This hunting behavior ⓔ_______ still with modern men. In the store, men buy what they want as quickly as possible and then get out right away. It ㉠takes a short time, sometimes less 30 minutes in total.

위 글의 밑줄 친 ㉠과 같은 의미로 사용된 것을 고르시오.

① I'll takes the blue shirt.

② Somebody took my bag.

③ She took a picture of me.

④ Did you take medicine?

⑤ It takes about two hours by bus.

어휘력 나이 처방 1　　예문 암기와 단문 영작이 기본이다

다시 한번 강조하겠다. 앞에서도 말했지만 단어 나이가 높다고 어휘 나이까지 높은 것은 아니다. 자꾸 같은 말을 반복하는 까닭은 간혹 이 둘의 차이를 인식하지 못하는 학생들이 있기 때문이다. 즉 단어에 대한 단순 암기만 엄청나게 해놓고는 스스로 '어휘력'이 좋다고 믿는 경우가 있다는 것이다. 둘의 차이는 앞에서 설명했으니 부연하지 않고, 이제 어떻게 공부해야 어휘력 나이가 높아질지 살펴보겠다.

❶ 단문 영작 훈련을 하라

짧은 문장을 영작하는 훈련을 통해 영어 단어의 쓰임을 확인하거나 활용해보는 연습을 하라. 그러나 처음에는 영작이 결코 만만치 않을 것이다. 따라서 첫 단계로 우선 교과서 본문을 해석한 자습서 활용을 추천한다. 해석 부분만 보고 영작을 한 뒤 교과서 영문 본문과 비교해보라. 이 과정에서 단어가 생각나지 않으면 한영사전을 활용해도 좋다. 처음에는 당연히 쉽지 않을 것이다. 하지만 사전을 찾아가며 영작하는 과정을 통해 어휘력이 늘게 된다는 걸 명심하라.

❷ 예문을 통째로 암기하라

어휘력을 늘리고 싶다면 예문을 통째로 암기하라. 어찌 보면 꽤 무식한 방법처럼 보일지 모르지만 사실 가장 효과적인 방법이다. 가장 좋은 예문은 역시 영영사전에 제시된 예문이다. 좋은 예문은 암기 노트를 만들어 정리해두어도 좋다. 영영사전 외에 문법책 예문 암기도 추천한다. 문법책에는 정제된 좋은 문장들이 많이 수록되어 있기 때문이다. 게다가 문법 감각까지 덤으로 익힐 수 있으므로 일석이조라 하겠다.

❸ 모르는 단어가 나오면 문맥을 보고 의미를 추측한 뒤 나중에 사전을 찾아보라

지문을 읽다가 모르는 단어가 나오면 대개 바로 사전에서 찾아 뜻을 확인한 뒤 해석을 이어간다. 단어장을 만들기 위해서라면 괜찮지만, 어휘력을 늘리는 데는 그다지 바람직한 방법이 아니다. 꼭 모든 단어를 알아야 지문을 정확하게 해석할 수 있는 것은 아니다.

영어로 된 지문을 읽을 때 모르는 단어를 만나면 '마킹'을 해두고 우선 의미를 유추하면서 읽어보는 것이 좋다. 그런 다음 지문을 모두 해석하고 문제까지 푼 뒤에 리뷰 단계에서 정확한 단어의 뜻을 찾아보자. 종이 사전을 써도 좋고 전자 사전을 써도 좋다. 빠르고 신속하게 찾아서 기억하는 데 편리한 것을 선택하면 된다. 다만 직접 펜으로 표시를 하건 전자 사전에 표시를 하건 적어도 한번 찾아본 단어는 표시해둘 수 있으면 좋다. 다음에 또 찾을 때 각인 효과를 높이기 위해서다.

❹ 영어로 된 영화나 강연을 활용하라

읽고 눈으로 보는 방식에 익숙한 경우라면 독해 지문만으로도 충분하겠지만, 듣고 보는 방식이 익숙한 학생이라면 자기 수준에 맞는 영상을 이용하는 것도 좋다. 다만 그냥 듣기엔 빠르거나 어려울 수 있으므로, 학습 효과를 노린다면 자막(캡션) 기능을 켜두고 보는 것이 도움이 된다.

어휘력 나이 처방 2　　**구체적 학습법과 교재 선정법**

❶ 빈칸 문제를 많이 풀어보자

어휘력을 향상시키는 가장 간편한 방법은 많이 사용해보는 것이다. 이를 학습적으로 적용하면 빈칸 문제를 많이 풀어보는 것이다. 단어집이나 숙어집 교재를 활용하자. 교재에 나오는 확인 문제들을 많이 풀어보면 도움이 된다. 만약 확인 문제가 없는 교재라면 단어 밑에 제시된 예문을 함께 공부하며 해석해보자. 스스로 빈칸 문제를 만들어서 활용해도 좋다.

❷ 영영사전을 활용해 단어를 점검하라

아래 영문이 설명하는 단어는 무엇일까?

> knowledge communicated or received concerning a particular fact or circumstance.

information이다. 영영사전에서 이 단어를 설명한 문장이다. 영영사전은 각 단어가 영어에서 어떻게 풀이되고 사용되는지 설명해준다. 따라서 단어가 실제 영문에서 어떤 쓰임을 지니는지 정확히 이해하는 데 큰 도움이 된다. 다른 어떤 교재를 활용하는 것보다 효과적인 어휘력 상승 방법이다.

2. 구문력, 문장의 구조를 보는 눈

구문력 나이 진단

앞에서도 말한 바 있지만 문법을 공부하는 가장 큰 이유는 사실 독해를 정확하고 빠르게 하기 위해서다. 그렇다면 문법을 공부해 독해를 정확하고 빠르게 한다는 것은 무엇을 의미할까? 바로 문장 구조를 보는 눈을 키운다는 것을 의미한다. 어디서부터 어디까지가 주어이고 서술어인지, 어디서부터 어디까지가 어디를 수식하는지, 문장이 어떻게 이어지며 해석을 어떻게 해야 맞는 것인지를 보는 눈 말이다. 이것이 바로 '구문력'이다.

앞서 진도 나이에 문법이 등장한 바 있는데, 문법 공부가 제대로 되어 있지 않으면 구문력 향상은 요원한 일이다. 중학교 때야 문장이 복잡하지 않으니 단어 조합만으로도 대강의 의미를 끼워 맞출 수 있다. 따라서 중학생들 중에는 문법을 얼렁뚱땅 공부하는 경우가 꽤 많다. 그러나 고등학교 교과서나 수능 모의고사에서는 복잡한 문장이 점점 많이 등장하고 고급 문법 사항이 적용된 문장들도 늘어난다. 이 단계에 접어들어 독해가 어려워진다고 느끼기 시작하면 구문력이 부족한 것이다.

일단 문법 공부를 등한시했다면 나이 진단을 떠나 구문력을 기대해서는 안 된다. 독해가 잘 안 된다고 무작정 독해문제집을 많이 풀어보는 학생들이 있다. 양으로 승부하는 것이다. 하지만 문법이 뒷받침되지 않으면 헛고생하는 것이다. 좌절감만 쌓여갈 뿐이다. 따라서 자신의 구문력을 진단할 때에는 독해문제 연습량 부족 때문인지 구문력 자체가 부족한 것인지 먼저 판단해야 정확히 처방할 수 있다. 또 구문력 자체가 부족한 경우, 문법 공부가 부족한 것인지, 문법은 어느 정도 아는데 문장 구조를 보는 눈이 덜 길러진 것인지 구분해야 한다. 전자는 문법 사항을 복습해야 하지만, 후자는 구문 독해 연습과 문장 구조 분석 연습을 해야 한다. 이처럼 비슷한 증세라도 정확히 진단해야 처방이 효과를 발휘할 수 있다. 그러면 구문력은 어떻게 진단해야 하는지 알아보자. 크게 6가지 방식으로 진단할 수 있다.

1) 주어, 동사 찾기

2) 문장 어순 맞추기

3) 대명사 등이 가리키는 부분이 어디서부터 어디까지인지 맞추기

4) 수식 관계 찾기

5) 끊어 읽기

6) 길고 복잡한 문장 정확히 해석하기

이상의 6가지 방식을 토대로 꽤 다양한 방식의 문제가 출제될 수 있기에 예제 몇 가지로 단순화하기는 어렵다. 다만 아래 제시한 예제에서처럼 각각의 단어를 안다고 해서 해결할 수 없고, 문법 지식을 바탕으로 앞뒤 문맥을 정확히 읽어내야 풀 수 있는 것이 대개 구문력을 묻는 문제라고 보면 된다.

예제 | 다음 밑줄 친 부분의 의미로 가장 알맞은 것을 고르시오.

> He said too many things. <u>Being confused</u>, I asked him to say it again.

① As I was confused

② If I was confused

③ While I was confused

④ Though I was confused

⑤ Unless I was confused

각자 가지고 있는 교재에서 이렇게 구문력을 묻는 문제들을 풀어보는 것도 좋고, 지문 자체를 읽어보며 자신의 구문력을 가늠해보는 것도 한 방법이다. 자신의 구문력이 부족하다는 결론에 다다른다면 주저하지 말고 다음 처방에 따라 공부법을 개선해보자.

구문력 나이 처방 1 　문법 공부가 기본이다

기초 수준을 넘어서서 본격적으로 실전 영어에 들어갔을 때 실력을 구성하는 가장 기본이 되는 것이 바로 어휘력과 구문력이다. 이 둘을 갖추고 있어야 지문 독해를 자연스럽게 할 수 있다. 그럼 구문을 보는 눈은 어떻게 길러지는가? 앞에서 말한 것처럼 기본적으로 문법 공부가 충실히 되어 있어야 한다는 것은 상식적으로 생각할 수 있다. 문법 사항 하나하나를 정확히 아는 것에서 출발해 그것을 독해 지문에 적용해보는 과정이 필요하다. 이를 위해서는 문법 챕터 중에서도 특히 구문을 보는 눈과 관련이 많은 부분을 열심히 공부해두는 것이 좋다. 그것들을 정리해보면 다음과 같다.

> 구문력과 관련이 깊은 문법 챕터
>
> to 부정사, 동명사, 분사, 시제, 태, 조동사, 관계사, 문장형식, 구와 절

따라서 문법의 기초에 입문한 학생들의 경우, 위에서 말한 챕터들을 배울 때는 특히 정신을 똑바로 차려 공부해야 한다. 만약 문법을 전체적으로 공부했는데도 구문 보는 눈이 부족하다면 위에서 말한 챕터들을 우선적으로 복습해야 할 것이다.

구문력은 주로 긴 문장을 독해할 때 더욱 차이가 나게 된다. 그러므로 가급적이면 짧은 문장으로 이루어진 지문보다는 긴 문장이 많이 포함된 지문으로 독해 연습을 하는 것이 실력을 올리는 데 도움이 된다. 하지만 그렇다고 해서 무작정 문장이 긴 지문들로 구성된 교재로 공부하라는 것은 아니다. 긴 지문에 더해, 구문 분석을 도와주는 설명이 자세히 실려 있는 교재로 공부하는 것이 좋다.

구문 보는 눈을 기르는 또 하나의 방법은 단문 독해를 할 때 문장들에 적용된 문법 사항들을 적어보는 것이다. 문장 형식에서부터 거기에 쓰인 조동사, 시제, 능동과 수동, 구와 절, 관계사, 접속사 등을 찾아 정리해보는 것이다. 잘 이해 안 되는 부분은 다시 문법책을 찾아보면서 정리하면 된다. 이렇게 하면 문법이 문장에서 실제로 적용되는 방식을 익히게 되므로 자연스럽게 구문 보는 눈을 기를 수 있다.

구문력이 취약한 학생들은 이런 말을 자주 한다. "문법 내용은 아는데, 문제를 못 풀겠어요." 그러다 보니 이런 말도 나온다. "저는 문법이 약해요." 그래서 무작정 처음부터 문법책을 다시 공부하는 경우도 생긴다. 물론 문법은 중요하다. 하지만 구문력이 부족할 경우에는 자신에게 맞는 방법으로 공부해야 한다. 한 문장에서 주어, 서술어, 목적어, 보어를 정확히 찾아낼 수 있는가? 문장의 수식 구절과 중심 구절을 제대로 찾을 수 있는가? 이렇게 자신에게 질문을 던져본 뒤, 길고 복잡한 문장일수록 그 구조를 보고 문법을 적용하는 연습을 하는 것이 제대로 된 순서다. 그러면 구체적으로 어떻게 해야 할까?

❶ 구문 독해 훈련에 집중하라

다음 예문의 문장 성분을 표시해보라.

> She lent him the money.

제대로 표시했는가? 정답은 이렇다.

> She lent him the money.
> S   V   I.O.   D.O.

문장의 구조를 읽어내려면 위와 같이 구문 독해 연습을 할 것을 권장한다. 구문 독해는 '끊어 읽기' 라고도 하는데, 쉽게 말해 문장의 기본 구성 요소를 찾아내는 연습이다. 주어, 서술어, 목적어, 보어 그리고 수식구나 수식절을 찾아내 문장의 핵심적인 뜻을 파악하고, 적용된 문법이 무엇인지를 알아내 정확히 해석하는 연습을 하는 것이다. 구문 독해에 익숙해지면 당장의 문법 문제 정답률이 높아질뿐더러 멀게는 독해에서 정확한 해석과 추론을 요구하는 최근 수능 영어 추세에도 대비할 수 있다.

❷ 작문 연습을 하라

초등학교 저학년 국어시간에 다음과 같은 식의 짧은 글짓기를 한 적이 있을 것이다.

문제 _ '영화'를 사용하여 짧은 글을 지어보세요.

답 _ 나는 엄마랑 영화를 보았다.

이렇게 짧은 글짓기 연습을 시키는 까닭은 문장의 구성을 이해시키고, 문장을 성분 단위로 읽을 수 있는 능력을 발달시키기 위해서다. 또한 한 문장을 완성하기 위해서는 올바른 문법 지식도 갖고 있어야 한다. 영어 역시 마찬가지다. 짧은 글짓기를 하면 구문력 향상에 도움이 된다. 기초 수준에서 작문 연습 문제는 대개 아래와 같은 형식으로 제시된다.

예제 | 다음 우리말 문장과 뜻이 통하도록 주어진 단어들을 올바르게 배열하세요.

> 우리에게 그것을 사용하는 법을 가르쳐 주시겠어요?
>
> us / you / would / to tell / like / to use/ it / how

이 문제를 풀기 위해서는 다음과 같은 생각의 과정이 필요하다.

❶ 주어진 단어의 뜻을 다 알고 있나?

❷ 각 단어를 우리말 문장의 뜻에 맞게 배열하려면 어떤 문법을 적용해야 하지?

  _ 해석이 '~해 주시겠어요?'라고 끝나니까 부탁하는 문장이네. 그럼 'would you like'를 쓰면 되겠구나.

  _ '사용하는 법'을 '어떻게 사용하는지'로 바꿔 보면 'how to use it'이 될 수 있겠군.

❸ 각 단어가 문장 성분 중 어디에 해당하면 될까?

_ 의문문이고, 청유형 문장이니까 'would you like'가 제일 앞에 나와야겠다.

_ 영어의 어순을 적용하면 동사가 앞에 나와야 하니 '말해주세요, 우리에게' 순으로
써야겠다. 그러면 'to tell us' 순으로 두어야겠군.

_ 그럼 'would you like to tell us how to use it?'이 되겠군.

물론 늘 위에서 말한 대로 일일이 생각을 전개하지는 않을 것이다. 익숙해지면 아주 짧은 순간에 위의 고려사항을 모두 취합해 영작을 하게 된다. 하지만 그 짧은 순간에 뇌 속에서 위 과정이 모두 일어나는 것만은 분명하다. 작문은 어려운 거라고 두려워하지만 말고, 아주 짧은 문장부터 당장 시작해보자.

❸ 영어 문장 구조에 맞게 해석하라

다음 문장을 해석해보자.

> She is running away because she saw a bear.

❶ 그녀는 곰을 보고 도망갔다.

❷ 그녀는 도망가고 있다. 왜냐하면 그녀는 곰을 보았기 때문이다.

단어를 많이 아는 학생들 중 ❶처럼 해석하는 경우가 많다. 물론 완전히 틀린 것은 아니다. 만약 어떤 책을 자연스러운 우리말로 번역한다면 ❶처럼 해석해야 훨씬 잘 읽히는 번역문이 된다. 하지만 입시를 준비하는 학생 입장에서 본다면 문제가 있다. ❶로 해석하는 학생들은 '독해에

강해도 문법 문제에서는 오답을 낼 가능성이 많다. 국어와 영어는 문장 구조가 다르다. 그러므로 영어 문법에 맞게 해석하면 오히려 문장이 어색하게 느껴지는 경우도 있다. 그러나 표현이 조금 어색하더라도 ❷처럼 영문법을 기본으로 해석해야 구문을 정확히 이해할 수 있다. 특히 시제, 태, 관계사가 적용되는 일부 표현들은 우리말에 없는 것들이 있어 더욱 주의해야 한다. 이런 문장들일수록 영어 표현에 맞추어 해석해야 문장의 구조를 분석하는 능력이 길러진다.

❹ 문장 단위의 'writing' 훈련 교재를 활용하라

구문력이 취약한 학생들에게 추천하고 싶은 교재는 문장 단위의 'writing'을 훈련할 수 있는 교재들이다. 시중에 구문독해용 교재가 다양하게 출간되고 있으므로 적당한 교재를 찾는 데 큰 어려움은 없을 것이다.

구문력이 '매우' 취약하다고 생각되면 바로 작문으로 들어가는 교재보다는 문법 설명이 간단하게 되어 있고, 해석과 어순 맞추기 비중이 높은 교재를 선택하는 것이 좋다. 이런 교재들은 문법 설명이 매우 간단한 대신 단계적인 워크북 형식으로 적용할 수 있게 구성되어 있어 처음으로 구문력 향상에 도전하는 학생들에게 추천한다. 어순 맞추기를 어느 정도 할 수 있는 학생이라면 작문용 교재로 연습할 것을 추천한다. 보통 인터넷상에서 이런 교재를 추천해 달라고 하면 토플 대비용 교재를 추천해주는 경우가 많이 있으나 적절하지 않다. 너무 어려운 교재보다는 자기 학년이나 실력에 맞는 수준에서 작문할 수 있는 정도면 충분하다.

3. 문맥력, 영어 고득점을 위한 최종 능력

문맥력 나이 진단

문맥력이란 무엇일까? 전체적인 글의 흐름과 맥락을 아는 것, 이를 통해 글이 말하고자 하는 바가 무엇인지 이해하는 것을 말한다. 개별 단어나 문장은 아는데 글 전체를 연결 지어 이해하지 못한다면 문맥력이 부족한 것이다.

예를 들어 영어 독해 지문을 다 읽고 나서 전체적으로 무슨 내용이었는지 잘 생각나지 않아 멍해지거나, 지문에서 괄호 안에 들어갈 표현 내지 문장을 찾는 데 어려움을 겪는다면 문맥력이 부족하다고 볼 수 있다. 분명 아주 어렵거나 복잡한 문장이 아닌데 그런 문제들을 틀린다. 왜 그러냐면 개별 문장들을 연결해서 글의 흐름을 파악하지 못하기 때문이다. 흐름이 파악되지 않으니 괄호 안에 들어갈 표현을 추론해낼 수 없는 것은 당연하다.

최근 영어 시험들을 보면 단편적인 지식을 묻기보다는 전체 맥락 안에서 어휘나 구문을 물어보고 최종적으로 '문맥의 흐름을 아는지'까지 묻는 문제가 많다. 따라서 중학교 저학년 때까지는 몰라도 학년이 올라갈수록 고득점을 원한다면 문맥력을 길러야만 한다. 문맥력을 기르는 가장 효과적인 방법은 눈으로만 독해하지 말고 손으로 번역까지 해보는 것이다. 자세한 방법은 '처방' 부분에서 알아보기로 하고 우선은 진단법을 알아보자. 문맥력을 진단할 수 있는 문제 유형들을 분류해보면 크게 5가지로 나눌 수 있다.

❶ 지문 내용을 기반으로 새로운 내용을 짐작해보는 문제

예제 | 다음 글을 읽고, 물음에 답하시오.

> Carbohydrates, or carbs for short, are one of the three important food groups. Many foods have carbs in them. But the best way to get them is by eating rice, bread, and potatoes. Your body gets about four calories for one gram of carbs. What do carbs do in your body? They give you quick energy. When you walk or run, your body needs energy quickly. Carbs give you that energy right away. They also send energy to your brain. Food scientists say that 60 percent of your daily calories should come from carbs.

위 글의 내용을 통해 짐작할 수 없는 것을 고르시오.

① We can get carbohydrates by eating only grain.

② Carbs provide fuel for the body.

③ Potatoes are good source of carbs.

④ We need to intake carbs to give our hard-working body energy.

⑤ Sixty percent of daily calories should come from carbs.

❷ 글의 주제와 일치하는 내용을 다른 표현으로 바꾸어 찾아보는 문제

예제 | 다음 글을 읽고, 물음에 답하시오.

> King Edward saw Tom the farmer in the street some day. "Wow!" he said. "You look just alike me. How would you like to be king for a day?"

Edward and Tom traded clothes. Tom went to the castle. He sat in a golden chair, and many people asked him to make important decisions. "Be kind is hard work," he thought. Edward went to the farm. He worked in the fields and got covered in mud. "Being a farmer is not easy," he thought. At the end of the day, they traded clothes again. Both men were very happy to go back to their old life.

위 글의 내용과 일치하는 것을 고르시오.

① Two men changed names to try the role reversal.

② King had to make important decisions.

③ Tom played with animals and got covered in mud.

④ Tom thought that his own work was though.

⑤ They didn't go back to their old days.

❸ 문맥상 들어갈 적절한 표현을 찾는 문제

예제 | 다음 글을 읽고, 물음에 답하시오.

What is the best way to eat? Have a mono meal! That means eating only one food at a time. A mono meal is, (A)_______, eating only apples for breakfast and only bread for lunch. ㉠(왜 모노 밀이 당신에게 좋을까?) The foods you eat at the same time leave the stomach at the same time, too. They don't move separately. If you eat fruit together with bread, your stomach can have problems. Why? It is because the fruit is digested in thirty minutes, but the bread is digested in two hours. (B) _______, the fruit sits in your stomach waiting the full two hours until the bread is digested. During that time, the fruit goes bad in your stomach.

위 글의 빈칸 (A), (B)에 들어갈 알맞은 말끼리 짝지어진 것을 고르시오.

① for example - Above all

② for example - As a result

③ similarly - For example

④ similarly - As a result

⑤ as a result - However

❹ 글의 흐름상 어색한 문장을 찾거나 새로운 문장이 들어갈 적절한 위치를 찾는 문제

예제 | 다음 글을 읽고, 물음에 답하시오.

Have you ever wondered why the happy and wonderful feelings we experience when we fall in love do not last forever? The answer lies in a chemical called Nerve Growth Factor(NGF) in our brain. (A) According to some Italian scientists, this chemical makes us feel very romantic in the beginning. (B) Levels of NGF increase when we first fall in love, but then the chemical fades over a year or so after we become more secure in a relationship. (C) ⓐ(연구자들은 최근 사랑에 빠진 58명의 지원자들을 분석했다.) (D) They compared their levels of NGF with those of people who were single or in long-term relationships. (E) In addition, they also learned that NGF caused sweaty hands and nervous stomachs. Perhaps it is this chemical that makes young men buy their girlfriends red roses and candlelit dinners!

위 글의 (A)~(E) 중에서 아래 주어진 문장이 들어가기에 가장 적절한 곳을 고르시오.

They found increased levels of NGF in the new romantics.

① (A)

② (B)

③ (C)

④ (D)

⑤ (E)

❺ 글의 요지를 찾는 문제

예제 | 다음 글을 읽고, 물음에 답하시오.

When people catch a cold, what do they usually do? They eat hot soup and take a hot bath. Why do they like warm things? It's because viruses cause their colds. Viruses are active when our body is cold, but they lose their energy when our body is hot. This is why people eat hot foods and take a hot bath to make their body temperature higher. This is nature's way of fighting disease. High fevers can kill viruses, but some people don't know this. At the first sign of a fever, people take medicine to lower their temperature. But this is a mistake. They should let the fever doing its job if the fever is not too high!

위 글의 요지로 가장 적절한 것을 고르시오.

① People have to eat hot food when they catch a cold.

② We had better take medicine as soon as we have a fever.

③ It is the most important to lower our body temperature.

④ People should allow the fever to do its job of killing viruses.

⑤ Viruses are active when air temperature is cold.

자신의 학년과 수준에 맞는 문제집이나 자습서에서 위에 제시한 유형의 문제들을 골라 문맥력을 진단해보자. 단, 문맥력 진단이나 처방 과정에서 주의할 점이 있다. 전체 글의 맥락을 이해하지 못하는 것이 단지 영어 실력 부족 때문이 아니라 글 자체에 대한 독해력이나 분석력 부족 때문이라면 국어 공부를 다시 해야 할 수도 있다. 다시 말해 우리말로 번역된 상태에서도 위 유형의 문제들을 틀린다면 국어 능력에 문제가 있는 것이라는 얘기다.

문맥력은 기본적으로 어휘력과 구문력을 갖추고 있다는 것을 전제로 키울 수 있는 능력이다. 즉, 어휘의 뜻을 알고 문장의 구조를 보는 눈이 있어야 전체 글을 하나의 맥락 안에서 이해할 가능성이 높아진다. 그러니 결국 밟지 않은 계단이 있으면 그것부터 먼저 밟아야 더 높은 계단으로 올라갈 수 있음을 명심하자. 그럼 이제 자신의 진단 결과를 바탕으로 어떤 처방을 내려야 할지 살펴보자.

국어 시험은 우리말로 쓰여 있으니 무슨 말인지 다 알 수 있다. 하지만 그렇다고 해서 정답을 맞힐 수 있는 것은 아니다. 영어도 마찬가지다. 어휘와 구문을 안다고 해서 모든 문제를 풀 수 있는 건 아니다. 문맥력을 키워야 하는 까닭이 여기에 있다. 문맥력이 부족하면 지문을 다 읽은 다음에도 글이 제대로 파악되지 않아 다시 읽고 또 읽는 일이 빈번하게 생긴다. 만약 시험을 치를 때 이런 상황이 벌어지면 당연히 문제를 풀 시간이 부족해지게 된다. 문맥력이 부족하면, 어렵지 않은 어휘로 구성되어 있어도 '쉼표'로 끊임없이 연결된 긴 문장일 경우 제대로 이해하기 어려워진다.

쉬운 문제일수록 '어휘'만으로 독해가 가능하고, 그다음 난이도 문제는 '어휘+구문' 두 가지 능력이 있어야 풀 수 있으며, 더 높은 수준의 문제는 '어휘+구문+문맥'이라는 세 가지 능력을 갖춰야 풀 수 있다. 대부분의 시험은 이 정도 난이도 안에서 출제된다. 물론 여기에 더해 좀 더 '빨리' 지문을 읽고 문제를 푸는 능력이 더해지게 되는데, 이는 사실 '배경지식'이 있느냐 없느냐에 달려 있다. 수능에서 EBS 강의와 연계해 출제할 것이라고 말할 때가 있는데, 이것이 바로 '배경지식'과 연관된 것이다. 즉, EBS 교재에서 접해본 것과 유사한 지문이 출제되면 지문 읽는 속도가 빨라지고 이에 따라 문제의 체감난이도가 내려가게 된다. 그런데 이런 배경지식은 사람마다 다를뿐더러 엄격하게는 영어실력으로 보기도 어려우므로 어지간한 시험에서는 중요하게 여기지 않는다. 다시 말해 배경지식이 없더라도 충분히 풀 수 있게 출제된다는 말이다.

아무튼 그렇다면 영어 독해에서 중요한 최종 능력은 문맥력인 셈이다. 문맥력 나이를 높이기 위해서는 다음 2가지 노력을 '꾸준히' 기울여야 한다.

❶ '괄호 넣기' 스타일의 영어 문제들을 많이 풀어보라.

❷ 어려운 지문일수록 눈으로만 독해하지 말고 손으로 직접 한 줄 한 줄 번역하라.

문장 번역을 정확히 하기 위해서는 당연히 어휘의 의미를 정확히 알아야 하고, 구문도 정확히 볼 줄 알아야 하며, 문맥도 제대로 파악할 수 있어야 한다. 번역한 문장이 뭔가 이상하다면 앞에서 말한 세 능력 중 하나가 부족한 것이다. 부족한 부분을 채워 나가면 문맥력은 '꾸준히' 상승할 것이다.

문맥력이 취약한 학생들 중에는 이렇게 말하는 경우가 많다. "지문에 모르는 단어는 없어요. 해석이 안 되는 문장도 별로 없고요. 근데 답을 못 고르겠어요." 그리고는 흔히들 문제 유형 파악이 덜 돼서 그러려니 하며 많은 예제들을 풀어보는 데만 집중한다. 물론 이제 수능을 준비해야 하는 단계라면 이렇게 하는 것이 맞다. 하지만 아직 기초 실력을 더 다져야 하는 단계라면 좀 더 근본적인 처방이 필요하다.

❶ 지문을 읽고 번역을 해보라

이는 앞에 나온 '처방 1'에서 밝힌 방법이지만, 특히 이런 학생들에게 유효한 방법이니 다시 한번 강조해둔다. 문맥력이 취약한 학생들에게 지문을 읽게 한 다음 그 내용을 물어보면 일부분만 답하는 경우가 있다. 지문 전체의 구성과 내용을 보지 못하는 것이다. 이런 학생들에게 추천하는 학습법은 영어 지문을 읽으면서 전체 글을 번역해보는 것이다. 구문력에서 말한 것과 같은 '정확한 독해'까지는 필요하지 않다. 지문의 글쓴이가 무엇을 말하고 싶어 하는지, 이 글을 통해 무엇을 알 수 있는지 등 내용 파악이 가능한 정도로만 번역하면 된다.

❷ 문단 구조를 분석해보라

약간 거칠게나마 번역하는 일이 수월해지면 문단 구조 분석에 들어간다. 문단 구조 분석이란 국어 과목에서 비문학 독해 방법과 비슷하다고 생각하면 된다. 지문에서 말하고자 하는 중심 내용을 찾고, 각 문단별로 주장에 해당하는지, 근거에 해당하는지, 단순 설명에 해당하는지 등을 구분할 수 있는 능력을 기르는 것이다. 이 능력을 길러야 글의 세부 내용을 묻는 문제나 주장에 대한 근거를 찾는 문제 등을 해결할 수 있다.

❸ 문단 순서 맞추기, 빠진 내용 넣기 문제를 많이 풀어보라

사실 요즘 수능에서는 이런 유형의 문제를 보기 힘들다. 하지만 문맥력을 다지는 단계에서는 매우 효과적인 유형이다. 특히 장문 독해일수록 이런 문제들을 통해 순서 파악 능력을 향상시키는 것이 중요하다. 지문에서 다루는 내용이 많은 탓에 글의 흐름과 핵심을 파악하기가 더 어렵기 때문이다.

❹ 국어 비문학 독해 실력을 높여라

영어는 언어를 공부하는 것이다. 그러므로 영어 능력은 국어 능력과

비례한다고 해도 과언이 아니다. 특히 지문을 해석하고 분석하는 방법은 국어 비문학 독해와 동일하다고 생각해도 된다. 국어 비문학 독해가 어렵다고 생각하는 학생은 신문의 사설이나 칼럼을 읽으면서 중심 내용을 찾는 연습부터 시작하자. 짧은 글을 많이 읽고 중심 내용을 파악할 수 있는 수준이 되면, 본격적으로 비문학 학습용 교재를 활용해 실력을 향상시키자. 이런 노력이 영어 문맥력 향상에도 큰 도움이 된다는 것을 명심하라.

❺ 독해 교재를 활용하되, 해설이 충분한 것을 선택하라

독해 교재를 고를 때는 해설지를 잘 살펴봐야 한다. 해설지에 본문 전체가 해석되어 있고, 그렇게 해석해야 하는 근거가 충분히 설명되어 있는 교재가 좋다. 만약 아직 중학교 수준에서 문맥력의 기초를 다져야 한다면, 단문 독해부터 장문 독해까지 다양한 단계로 구성된 교재를 활용하는 것도 괜찮다. 단어와 어휘력 수준이 어느 정도 된다면 수능 모의고사 기출문제의 독해 파트에 도전해도 좋을 것이다.

영어 나이 향상 실전 사례

03

1 단어, 문법이 모두 부족했던 중3 학생

중3 N학생은 연예인 지망생이었다. 그래서인지 평소 공부의 필요성을 못 느꼈고, 늘 예고 연극영화과 지망만을 꿈꾸었다. 하지만 성적이 너무 안 나와 예고 진학조차 불투명한 상황이 되자 상담을 하러 왔다.

N학생의 2학년 마지막 시험 영어 성적은 8점이었고, 보통은 평균 10~20점 사이를 오간다고 했다. 진단이 불가능할 정도로 영어 학습이 전혀 되어 있지 않았다. 진도 나이 자체가 거의 바닥이었던 셈이다. 그래서 우선 초등학교 수준의 교재부터 공부하도록 했다. 그런 다음 단어와 문법 공부, 내신 관리를 위한 학습 플랜에 돌입했다.

N학생이 아무리 기초가 약해도 중요한 것은 내신 성적 향상이었다. 고등학교에는 진학할 수 있는 성적을 만들기로 하고, 내신 대비 인터넷 강

의를 수강하도록 하였다. 물론 100% 강의 내용을 모두 이해하는 것은 아니었지만, 강사가 반복해서 강조하는 내용이 무엇인지, 그리고 본문이 어떤 내용인지는 이해할 수 있었다.

문법 부분은 초등 교재인 '그래머 버디' 시리즈를 이용했다. 그래도 초등 수준의 단어 실력은 되었기에 문법 용어 및 예문을 어느 정도 이해하고 적용할 수 있었다. 우선 문장 형식에는 어떤 것들이 있는지, 문법 용어가 의미하는 바는 무엇인지를 공부하게 했는데 일부 단원은 계획보다 빨리 끝내서 2회독을 진행하게 했다.

단어는 중학교 수준의 교재를 제시했다. '진짜 잘 외워지는 중학 영단어 1500' 교재를 추천했고, 매일 꾸준히 암기하는 것이 중요하다고 안내했다. 매일매일 테스트를 했는데 하루는 뜻을 보고 스펠링을 적는 테스트, 다음 날은 스펠링을 보고 뜻을 적는 테스트를 번갈아 가면서 했다. 그날 외운 단어만 테스트를 하는 것이 아니라 이전에 암기했던 내용들도 일부 출제했다. 아는 단어들이 조금씩 증가하자, 본격적으로 시험 대비에 돌입할 즈음에는 교과서 본문 중 일부 문장을 읽을 수 있는 수준이 되었다.

그래서 이때부터 수업내용을 자습서에 옮겨 적게끔 했고, 핵심 구문들은 암기했다. 내신 문제에서 출제 비중이 높은 본문 학습에 집중한 것이다. 그리고 학교에서 나눠준 프린트물에서도 본문과 관련된 문제들을 풀어보도록 지도했다.

N학생은 영어 공부를 너무 힘겨워했다. 그리고 자신의 실력이 부족한 것은 알고 있지만, 초등학생용 교재들로 공부한다는 사실을 매우 창피하

게 여겼다. 그래서 초반에는 갈등이 많았지만, 차츰 교과서에서 알아들을 수 있는 내용이 많아지자 N학생은 이렇게 말했다. "이렇게 힘들게 공부했는데, 성적 잘 받고 싶어요."

N학생은 중학교 3학년 첫 중간고사에서 40점을 받았다. 그리고 영어 과목 전교 석차가 30등 향상됐다. 자신의 역대 최고 성적을 받고 자신감이 붙자 학습 속도가 조금씩 빨라지기 시작했다. 단어집 1회독을 끝내자, 중학생용 문법교재에서도 아는 단어가 나오기 시작했다. 그래서 중학생용 기초 문법인 '1316 시리즈'로 공부하기 시작했다. 전체적인 공부 방식은 지난 중간고사 때와 동일하게 진행했지만, 이제는 단순히 암기만 하는 것이 아니라 일부 내용이나 문장 구조를 읽어낼 수 있는 수준이 되었다. 그래서 본문과 문법에 관한 문제를 집중 공략한 결과 기말고사에서는 성적이 58점으로 상승했다.

N학생에게는 방학이 중요했다. 방학 동안 중학교 기초 문법 수준을 모두 끝내고 구문 연습을 시작했다. 문법책을 찾아가면서 공부해도 좋으니, 제시된 문장을 정확하게 끊어 읽고 그 근거를 노트에 모두 적으라고 했다. N학생은 점점 영어 공부가 어려워지는 상황 때문에 불만을 표하기도 했지만, 고등학교에 진학해야 한다는 일념으로 힘겹게 따라왔다. 이윽고 3학년 2학기 중간·기말고사 성적이 모두 60점대에 진입하면서 고등학교 입학을 위한 최소 기준을 맞출 수 있었다. 아쉽게도 예고에는 진학하지 못했지만, 인문계 고등학교에는 무사히 진학할 수 있었다.

　H학생은 매우 성실하고 완벽주의에 가까운 학생이었다. 매일 꾸준히 학습 계획을 세워서 일정 분량을 예습·복습하고 필요에 따라 인터넷 강의도 스스로 찾아서 수강할 만큼 열심히 공부하는 학생이었다. 그런데 유난히 영어 공부가 힘들다며 찾아왔다.

　영어 성적은 70~80점대를 유지하며 크게 상승하거나 하락한 적이 없었다. 그런데 학생이 모아 놓은 시험지를 보니 특이한 점이 발견되었다. 문제 유형에 관계없이 빈칸 문제에서 오답이 많았다.

　오히려 독해나 문법 문제에서는 정답이 많았다. 단어의 뜻을 직접 물어볼 때는 성취도가 좋았으나 그 단어들을 문장에 활용하거나 배우지 않은 내용(교과서 외 지문 해석 문제, 주어진 단어를 활용해 작문하는 서술형 문제, 영영 사전 뜻풀이 문제 등)을 묻는 문제에서는 거의 다 오답을 냈다. 배운 대로만 공부하다 보니 암기와 단어 습득 위주 학습이 되었던 것이다. 그리고 단어만 바뀌어도 문제 전체를 배우지 않아서 틀린 거라고 생각했다. H학생에게는 배운 내용을 많이 활용하는 연습이 필요했다.

　H학생은 진도 나이에 해당하는 지식들을 꾸준히 학습해 왔으므로 그것을 활용해 실력을 향상시키는 데 집중했다. 내신 관련 공부는 H학생이 평소에 공부하는 스케줄과 거의 비슷했으나, 기출문제 풀이 분량을 기존보다 조금 더 늘려 다양한 문제를 풀어보도록 했다.

　우선 워크북 형태로 구성된 '중학 영문법 3800제' 교재를 추천했다. 이 교재는 '중학생을 위한 영어 정석'이라고 불릴 정도로 잘 구성돼 있지만 학생들이 앞부분만 열심히 공부하다가 포기하는 교재로도 유명하다. 모든 문제가 단어 선택 및 작문 문제로 구성되어 있어, 철저한 전략이 없으면 전체를 공부하기 힘든 교재이기 때문이다. H학생에게는 교과서 매 단원에서 다루고 있는 주요 문법 내용과 '매칭' 시켜 스케줄을 잡았다. 내용이 같더라도 생소한 단어로 구성되어 있으면 문제 풀이에 어려움을 느끼는 것 같아 교과서 내용과 연계해 공부하도록 한 것이다.

독해 교재로는 '리더스뱅크 LV3'를 선정해주었다. H학생의 수준보다 조금 어려운 교재였다. 이 교재는 지문에 사용된 단어들이 조금 어려운 감이 있어 완벽주의 성향이 강한 H학생은 모르는 단어가 나올 때마다 매우 힘들어했다. 따라서 모르는 단어가 나왔을 때는 우선 밑줄을 그어 둔 채 사전을 찾지 말고 앞뒤 문장들을 통해 그 단어의 의미를 추측하여 연필로 적어보게끔 지도했다. 정확하지는 않았지만 대략의 의미를 파악할 수 있었다.

복습 과정에서 단어장을 활용하게 하였고, 영한사전과 영영사전 풀이도 전자사전의 단어장에 저장하게 하여 일주일에 한 번씩 암기 테스트를 진행했다(전자사전 자체에 단어를 저장해놓으면 테스트할 수 있는 기능이 있어, 이 기능을 활용해 빠른 시간 내에 많은 단어를 반복 테스트를 할 수 있었다). 이렇게 하여 1학기 기말고사에서는 교과서 밖에서 출제된 문항에서도 정답이 나오기 시작했다.

방학에는 조금 더 욕심을 내어 어원을 공부하도록 했다. H학생은 수학 공식처럼 답이 정확하게 나오는 것을 좋아하는 성향이 있어 영어 단어가 만들어지는 원리, 뜻을 파악하는 원리를 방학 동안 공부하게 하였다. '능률 보카' 교재가 단어는 어려워도 어원 풀이가 잘 되어 있어 모든 내용을 공부하기보다는 어원과 중요 단어, 예문 중 1개씩만 암기하여 1회독을 방학 동안 마칠 수 있게 했다. 이 교재는 유명하다 보니, 인터넷에서 스스로 점검할 수 있는 테스트지를 많이 구할 수 있다. 따라서 단어 암기, 문장 넣기, 동의어 찾기 등 다양한 테마로 구성된 테스트지를 구해 방학 동안 풀어보게 했다.

9월이 되고 본격적인 2학기 중간고사를 준비하면서 H학생의 영어 감각이 상당히 향상되었다는 것을 알 수 있었다. 워낙 꼼꼼한 학생이라 내용 공부를 하는 데도 많은 시간이 걸렸는데, 그 시점에는 2회독, 3회독이 가능했고 기출문제집도 3권씩 풀이해 오답을 점검할 수 있을 만큼 학습 속도가 빨라져 있었다.

제일 눈에 띄었던 것은 교과서 외 지문도 어려워하지 않고 풀어낼 수 있었다는 점이다. 학생에게 "어렵지 않아?"라고 물어보았을 때, H학생은 "중간 중간 잘 모르는 단어가 나오긴 했는데 어원으로 대충 뜻을 짐작해가며 지문 전체를 읽어 내려가니까 해석은 할 수 있었어요."라고 답했다. 2학년 2학기 중간고사에서 H학생은 100점을 맞아 영어 과목 전교 1등을 하였다.

O학생은 이런 말을 자주 했다. "중학교 입학 때는 성적이 좋았는데, 점점 영어 성적이 떨어지고 있어요. 문법이 제일 약해서 그런 것 같아요." 그래서인지 문법 공부에 많은 시간을 투자하고 있었다.

며칠 동안 O학생이 공부하는 과정과 결과를 지켜본 결과, 이 학생은 문법을 모르는 학생이 아니라 영어 문제를 못 푸는 학생이었다. 문법이 약하다고 느낀 이유는 아무리 열심히 공부해도 정답률이 저조하기 때문이었다. 지문에서 모르는 단어는 거의 없으니 문법이 부족한 거라고 지레짐작한 것이다. 그 덕분에 오히려 문법 실력은 탄탄했다.

O학생은 빠른 성적 향상을 원했다. 목표로 삼은 지역 자사고가 있었는데, 우수한 학생들이 모이는 해당 학교에 진학한 후의 성적을 벌써부터 걱정하고 있었다. O학생의 영어 학습법에 변화가 필요함을 설명했고, 너무 조급하게 생각하지 말고 실력을 튼튼히 쌓는 데 시간이 필요함을 강조하며 맞춤형 플랜을 제공했다.

O학생을 만난 것은 3월이었기에, 우선 내신 준비부터 시작했다. 평소 기출문제집 한 권과 평가문제집 위주로 공부했다고 하여, 이번에는 기출문제집 두 권과 인터넷 기출·예상문제 사이트에서 해당 출판사 문제들을 구매하여 지문이 있는 문제들을 풀어보게 하였다.

또한 스스로 문법이 취약하다고 느끼고 있어, 학습한 문법을 문장 단위에서 활용할 수 있는 교재인 '중등 영문법 3800제'로 교과서 문법 내용과 '매칭' 시켜 공부할 수 있도록 했다.

또한 O학생은 독해 기술을 향상시킬 수 있는 교재를 시작했다. ‘빠른 독해 바른 독해 기초 세우기’ 교재는 예비고1에서 고1 수준의 학생들이 많이 사용하지만, 이미 중등 과정 학습이 거의 다 되어 있는 O학생에게는 무리가 없었다. 단, 지문은 꼭 교재에서 제시한 대로 끊어 읽기를 하여 해석하고, 중심 내용을 한두 줄로 요약하며 해석할 것을 요구했다.

하루에 2~4개 지문씩(지문 길이에 따라 하루 학습 지문 개수를 조금씩 조정했다) 진행했는데, 처음에는 엉뚱한 주제를 써 놓는 경우가 많았다. O학생은 해설을 보며 자신의 오답에 나름의 논리가 있음을 늘 설명했다. 그런데 듣고 나면 전체를 포괄하는 것이 아니라 일부 단락의 내용만 강조하는 경우가 많았다. 그래서 여름방학 동안에는 국어 비문학 독해를 좀 더 집중적으로 공부하게 했다. 교과서 문장 쓰기 교재로 중등 교과서 지문 해석과 구조 복습, 고입 선발고사 기출문제 3년 치 풀기, 그리고 약간의 고등학교 국어 선행을 이어갔다.

O학생은 국어 비문학 독해에서도 처음에는 ‘구조’를 분석하고 파악하는 데 애를 먹었다. 비문학 독해의 기본 이론을 공부하고 나서 조금씩 정확도가 좋아지기 시작했다.

방학이 끝난 후 9월과 10월에는 내신 대비에 집중했다. 이제 내신 대비는 주변의 도움 없이 스스로 할 수 있는 학생이었으므로 큰 관여를 하지 않았고, 대신 고1 모의고사 기출문제 독해 지문 3개씩만 매일 해석하게 했다. 이 과정에서 O학생의 영어 내신 성적은 다시 상승하기 시작했고, 3학년 2학기에는 90점대를 유지하게 되었다. 또한 겨울방학 동안에는 고교 수준의 문법서를 공부함과 동시에 수능의 기본 특징을 익히기 위해

'세듀 첫 단추 시리즈'를 시작했고, 고등학교 반배치 고사에서 그동안 쌓은 실력을 발휘할 수 있었다.

4 개념이해가 취약했던 고2 N학생

N학생은 고2 10월 중간고사가 끝났을 때 만나게 되었다. 특성화고교 학생으로, 취직을 목표로 공부하다가 갑자기 대학을 가야겠다는 생각이 들었고, 지금부터라도 성적을 올려야겠다는 목표가 생겼다고 했다. N학생은 취업반에 속해 있어서 내신이나 수능과 같은 학교 성적 관리보다는 전공과목 공부와 자격증 공부를 더 많이 해온 상태였다.

N학생은 전문대학에 진학하고 싶어 했고, 지역은 별로 상관없다고 했다. 전문대학의 경우 대부분 내신에서는 특정 과목 내지 특정 학기 성적만 반영하고, 수능은 2개 영역을 합산해 반영하는 점에 착안해 영어를 전략 과목으로 잡고 공부하도록 했다.

N학생의 영어 내신은 3~7등급으로 등락폭이 컸고, 모의고사에서는 6~7등급으로 비교적 일관된 성적 패턴을 보이고 있었다. N학생 말에 따르면, 내신 성적은 교과서를 읽고 시험을 치르느냐 아니냐에 따라 달라지는 것이라고 했다. 그래서 내신은 시험 기간에 바짝 공부하기로 하고, 수능 모의고사에 대비한 학습 플랜을 실행했다.

우선 N학생은 고3이 되면 EBS 연계 교재에 몰입해 공부해야 했다. 그러므로 적어도 EBS 강의를 알아들을 수 있는 수준으로 실력을 끌어올려야 했다. 공부 나이의 거의 전 영역이 낮은 수준으로 진단된 상태였기에 수능 단어 학습, 중학교 수준의 문법 용어 익히기, 지문 해석 등 다양한 방법을 동시에 진행했다.

문법을 빠르게 익히려면 중학교 교재로 공부하는 것이 더 효과적이므로 분량은 적으면서도 문법의 핵심을 거의 다루는 'GRAMMAR ZONE' 기초 편으로 매일 UNIT 4~5개 정도씩 공부하게 했다. 중학교 책이든 고등학교 책이든 영어 문법 내용은 거의 비슷하기 때문에 문법이 너무 취약한 학생이라면 차라리 쉽게 설명된 중학 문법 교재를 사용하는 것이 유리함을 설명해주었다.

또한 수능용 단어는 매일 2DAY 분량을 암기하게 했고, 고1 수준의 모의고사 기출문제도 주 1회 풀어보도록 했다. 10~12월은 N학생이 고3이 되어서 영어를 공부할 때 필요한 기본 지식에 몰입하는 기간으로 활용했다. 12월부터는 수능과 관련된 본격적인 학습을 시작했다. 공부를 늦게 시작한 만큼 수능에 대한 기본 지식을 바탕으로 감을 키우는 것이 중요했다. 그러므로 고2~고3 모의고사 기출문제를 반복 풀이하도록 하는 한편, 쉬운 구문 독해 교재로 끊어 읽기, 문장 분석하기, 수식구 찾아내기, 문장의 핵심을 찾아 해석해보기 등을 연습하도록 했다. 이러한 기초 훈련 결과 3월부터는 학교 수업 및 EBS 강의를 조금씩 이해하고 모의고사 시험에 익숙해지기 시작했다.

3월 영어 모의고사 성적에서 등급의 변화는 없었지만 5등급에 가까운 6등급 수준으로 약간 상승했다. 지문 해석, 세부 내용 찾기, 주제 요약하기 등 비교적 쉽고 단순한 문제에서는 정답률이 상승했지만, 지문을 정확하게 이해하고 문제 출제 의도를 파악해야 하는 추론 문제, 문법을 지문에서 직접적으로 묻는 문제 등은 거의 오답이었다.

영어에서는 EBS 교재의 지문과 연계되는 문제가 많이 나오기 때문에 N학생의 실력보다 수준이 높은 교재라 하더라도 공부해야 할 필요가 있었다. 따라서 EBS 연계 교재와 기출문제에 많은 비중을 두고 공부하게 했으며, 복습 횟수도 대폭 늘렸다.

'EBS 수능 완성'은 두 권을 구입하여 한 권은 강의 수강 및 지문 공부를 할 때 사용하게 하고, 다른 한 권은 스스로 지문을 해석하고 문제를 풀어보며 복습하는 데 쓰도록 했다. 이후 N학생은 중요한 개념은 쉽고 빠르게 공부하고 수능을 대비할 때는 중요한 몇 권의 교재에 집중하는 전략으로 영어 4등급, 탐구 3등급을 달성함으로써 수도권대학에 입학했다.

5 구문력이 취약했던 고2 S학생

S학생은 내신 성적만 보면 최상위권 학생이었다. 주요 과목 석차는 대부분 전교 10등 이내였고, 전 과목 석차에서도 전교 5~10등 정도를 꾸준히 유지했다. 그러나 모의고사를 보면 그렇지 않았다. 특히 외국어 영역은 3~4등급 수준으로 내신 성적과 비교해 많은 차이가 났다. S학생은 고2 상위권 학생인 만큼 본격적인 수능 준비를 하고 싶어 했다.

진단 결과 S학생은 구문력이 부족했다. 이는 평소 학습 습관에서도 나타났다. 단어와 독해 위주의 학습을 진행하고 있었고, 2년 동안 진행한 과외에서도 어려운 지문을 독해하는 데 주력했다. 구문력 부족의 결과 모의고사에서 문법 문제는 거의 오답이었고, 정확하고 꼼꼼한 해석을 해야 풀 수 있는 문제에서도 오답이 많았다.

N학생의 기본 문법 및 단어에 관한 지식은 상당 수준이었다. 따라서 내신 준비에는 크게 관여할 필요가 없어 모의고사에만 집중했다. 우선 수능에서 자주 나오는 문법을 비교적 얇은 교재로 짧은 시간 동안 정리했고, 어휘·어법 교재들로 정확하게 문장을 해석하고 분석하는 연습을 3개월 정도 진행했다. N학생의 평소 모의고사 문제 해석 스타일은 전체적인 문맥을 대략 파악한 뒤 답을 찾아내는 방식이었다.

따라서 세밀한 시제 표현을 찾아서 해석하게 하고, 보기 문항도 문장 성분 및 해당 문법 표현에 맞추어 해석하게끔 했다. N학생은 처음에 '대충 읽으면 다 아는데 이렇게까지 해야 하나' 하는 불만을 가졌다. 하지만 최근 외국어 영역의 문제가 까다로워지고 있고, 특히 EBS와 연계해 변형 출제되는 과정에서 구문력을 발휘해야 해결할 수 있는 문제들이 많아지고 있다는 점을 설명해주었다. 또한 평소 학습 과정에서는 시간이 많이 걸리고 번거롭지만, 익숙해진 후 시험을 볼 때는 효과적으로 문제를 풀수 있다는 점을 강조했다. 구문에 관한 세밀한 학습만 진행하다 보면 전체적인 문맥을 놓칠 수 있으므로 일주일에 1회씩 수능 기출문제를 풀면서 시험 감각을 유지하게 했다.

단순 지식을 평가하는 문제들이라면 열심히 공부하는 것만으로도 원하는 성적을 얻을 수 있다. 하지만 N학생과 같이 학습 습관을 변화시켜야 하는 경우에는 단순히 열심히 하는 것만으로는 부족하다. 새로운 방법에 익숙해질 시간이 필요한 것이다.

N학생이 공부를 시작한 후 한 달 만에 치른 4월 모의고사에서는 별다른 성적 변화가 없었다. 하지만 6월 모의고사부터는 4등급으로 내려가지 않은 채 3등급을 안정적으로 유지하기 시작했고, 고2 11월 모의고사에서는 백분위 점수 94%을 달성해 2등급으로 향상됐다.

6. 문맥력이 취약했던 고2 E학생

E학생은 중학교 때까지 영어에 관한 한 잘나가는 학생이었다. 항상 만점을 받았고, 그 지역의 유명한 영어학원에서도 우수한 성적을 유지하면서 외고 진학을 준비한 바 있었다(이 시기에는 외고 입학 전형 중 일반 전형에는 필기시험이 있었다). 그러나 아쉽게도 외고 진학에 실패한 뒤 일반고로 진학했는데, 그동안 영어만큼은 수준 높은 공부를 해온 터라 일반고의 영어 수업이 쉽게 느껴져 열심히 공부할 필요성을 못 느꼈다고 했다. 내신은 별다른 준비 없이 벼락치기만으로도 90~100점을 받을 수 있었다. 문제는 모의고사였다. E학생의 마음 같지가 않아서, 고1 내내 4등급을 유지하고 있었다.

E학생은 수능·모의고사의 특징을 숙지하고 이들 시험에 대비한 공부를 해야 했다. E학생이 그동안 치른 모의고사 시험지를 모두 가져오게 하여 오답 분석을 했다. 문법을 다루는 문제와 빈칸 유형 문제처럼 보통의

학생들이 어려워하는 문제들에서는 정답률이 매우 높았다. 반면 지문 내용을 바탕으로 출제 의도에 맞게 적용해야 하는 사고·추론 유형에서는 오답이 매우 많았다. E학생은 언어 영역에서도 추론 유형 문제에서 오답이 많았다. 이는 단지 영어 공부뿐 아니라, 글을 읽고 문제에서 요구하는 조건에 따라 사고를 전개하는 훈련이 필요하다는 의미였다. 따라서 E학생에게는 언어 영역 중 비문학 독해 학습 비중을 높이는 학습 플랜을 제시했다.

중간고사 시험 범위에 3월과 4월에 치른 모의고사 지문이 포함되어 있어서, 우선 시험 범위에 해당하는 지문 학습과 변형 문제 풀이 등으로 내신에 집중하게 했다. 단, 문맥력 향상을 위해 비문학 지문을 매일 5개씩 읽고 각 단락별 중심 내용 찾기, 주제 찾기, 문제 풀기 등을 꾸준히 진행하게 했다. E학생은 다른 주제들보다 자연과학 및 공학 관련 지문이 잘 이해되지 않는다며 대충 공부하려고 했다.

따라서 지문이 어렵게 느껴질수록 지문 및 문제에서 제시하는 조건이나 의도가 단순할 가능성이 많다는 점을 설명해주었다. 수능·모의고사가 아무리 까다롭다 하더라도 반드시 답이 있을 수밖에 없으며 이를 찾아내는 연습이 중요하다는 점을 이해시켰다.

비문학 독해용 기본 교재를 끝낸 후 본격적으로 수능 지문에 대한 학습을 시작했다. 문맥력 외 다른 영역에서는 부족한 점이 없었기에 주로 고3 모의고사 기출 문제와 EBS 지문을 우리말로 번역하도록 했고, 비문학 독해 때처럼 번역한 글의 구성을 파악하고 주제를 찾아보게 했다. 여름방학에는 문맥력이 부족한 학생들에게 맞는 교재를 선정해 집중 학습했다.

방학이 끝난 후에는 '숨마쿰라우데' 교재를 선정해 각 주제별 지문을 매일 독해하고 관련 기본 문제를 풀게 했다. 이때 학생의 학습 수준을 고려해 지문 난이도 중·상에 해당하는 것만 풀도록 했다. E학생은 지문을 해석하는 데는 어려움을 느끼지 않았지만, 문제를 해석한 뒤 답을 찾는 과정에서 헤맸다. E학생이 선택한 것은 대부분 오답이었는데, 그 이유를 스스로 생각해보고 논리적 오류를 찾아 정답으로 고치는 과정을 반복하게 했다. 이렇게 약 8개월 정도 훈련한 결과, 11월 모의고사에서는 평소보다 점수가 14점이나 향상돼 3등급으로 올라섰다.

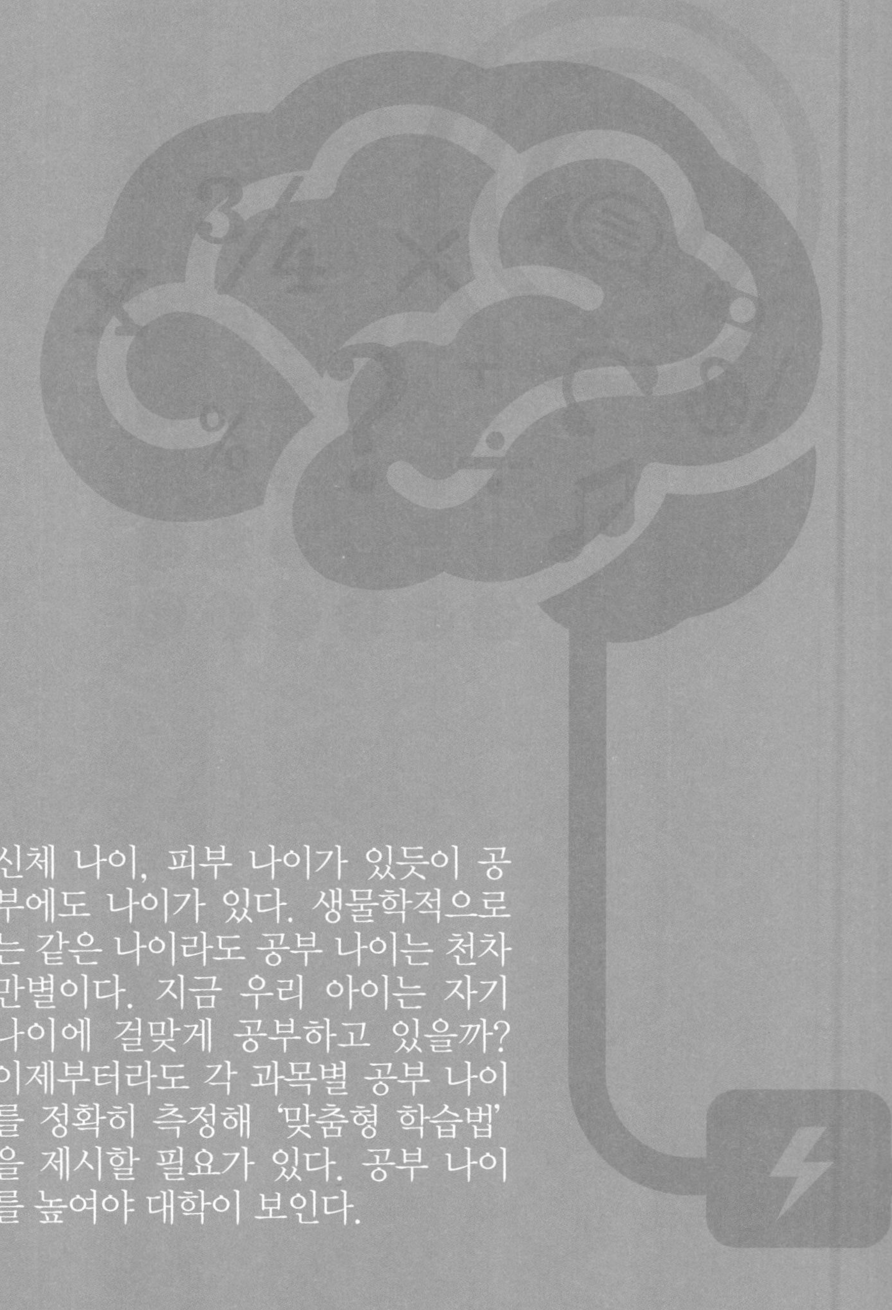

신체 나이, 피부 나이가 있듯이 공부에도 나이가 있다. 생물학적으로는 같은 나이라도 공부 나이는 천차만별이다. 지금 우리 아이는 자기 나이에 걸맞게 공부하고 있을까? 이제부터라도 각 과목별 공부 나이를 정확히 측정해 '맞춤형 학습법'을 제시할 필요가 있다. 공부 나이를 높여야 대학이 보인다.

Chapter 3

수학
나이

수학 나이란 무엇인가

진도 나이(알고 있다)와 실력 나이(할 수 있다)라는 추상적인 개념을 구체화하여 수학 과목에 적용시키면 아래 표와 같은 수학 나이 결정 요소들을 구성할 수 있다.

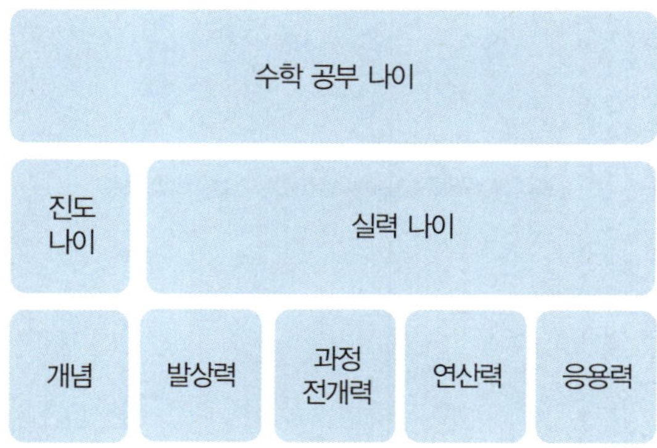

수학을 공부할 때는 우선 각 챕터별로 나오는 개념을 배우고 이에 대한 예제, 유제, 연습문제를 풀어보는 과정이 진행된다. 수학에서는 일단 개

념을 알아야 그다음 과정에 들어갈 수 있으므로, 개념 나이가 곧 진도 나이를 구성하게 된다. 그러나 시험을 볼 때는 사용할 공식이나 개념을 제공해주지 않는다. 해당 문제에 어떤 개념이나 공식을 적용할 것인지를 생각해내는 것에서부터 시작해야 한다. 이것이 발상력이다. 적용 개념을 발상해냈다면 그다음으로는 풀이 과정을 도출해낼 수 있어야 하는데, 이는 과정전개력이다. 올바로 과정전개를 할 수 있다고 해도 정확히 연산해낼 수 없다면 아무 소용이 없다. 따라서 연산력이 필요해진다. 그리고 마지막으로 필요한 것이 응용력이다. 응용력은 복합개념이나 새로운 유형의 문제 혹은 문장제 문제 등을 풀어낼 때 필요한 능력이다. 이 4가지 능력, 다시 말해 발상력, 과정전개력, 연산력, 응용력을 모두 갖췄을 때 비로소 수능 수학에 대비할 수 있다.

수학 나이 진단 및 처방을 제시할 이 챕터도 큰 틀에서는 앞의 두 과목과 동일한 방식으로 구성되어 있다. 다만 국어 및 영어와 달리 진도 나이 진단 부분에서 예제들을 싣지 않았다. 그 이유는 다시 설명할 것이다. 그럼 본격적으로 수학 나이 진단 및 처방으로 들어가 보자.

수학 진도 나이

01

1. 개념 이해는 수학 실력의 알파요 오메가다

개념 나이 진단

수학은 선행학습을 가장 많이 하는 과목이다. 학생들이 수학에 대해 얼마나 큰 부담을 느끼는지 알 수 있는 대목이다. 그렇다면 선행 위주의 수학 학습이 과연 얼마나 도움이 될까? 사실 남들이 다 하니까 나도 해야 한다는 논리로 접근하는 경우가 대부분이다. 실제 효과와 결과에 대한 검증 없이 그렇게 해야 한다는 남의 말을 "풍문으로 들었소" 하는 식이다.

수학 진도 나이 측정은 선행 학습이 과연 개별 학생에게 적합한 것인지 진단하고, 정확한 개념 이해 수준과 공식 파악 능력을 진단함으로써 현재 학생에게 정말로 필요한 학습이 무엇인지를 알려준다. 현재 학생의 정확한 수학 능력 수준을 측정함으로써 배운 내용을 정확히 이해해 알고 있는지, 실제 문제는 풀 수 있는지를 함께 판단하는 것이다.

수학 진도 나이는 각 영역별 문제 풀이를 통해 성취도를 보다 상세히 평가한다. 이 과정에서 학습이 부족한 단원, 선행이 가능한 단원, 후행해야 하는 단원에 대한 기준을 마련할 수 있다. 즉, 단순히 현재 학습 수준만을 측정하는 것이 아니라 앞으로 학습할 영역에 대한 가능성도 해석해 낼 수 있다는 것이다. 그런 점에서 수학 진도 나이 측정은 매우 중요하다.

진도 나이가 또래보다 낮은 학생들은 자신의 학년에 해당하는 학습 내용을 제대로 이해하지 못할 뿐 아니라 이전 학년에 배운 내용이나 개념에 대한 기초도 부족한 경우가 많다. 하지만 반대로 진도 나이가 또래보다 높다고 해서 수학 실력이 더 높다고 볼 수는 없다. 해당 개념을 익히 들어서 아는 것과 실제 문제를 풀 수 있는 능력은 별개이기 때문이다.

수학에서 진도 나이는 각 학년에 반드시 학습해야 할 기본 개념이나 공식들을 제대로 알고 있는지를 측정함으로써 알 수 있다. 아무리 수학 실력이 뛰어나다고 하더라도 초등학교 5학년이 중학교 3학년의 실력을 쫓아가기는 쉽지 않을 것이다. 따라서 진도 나이는 각 학년별로 측정하는 것이 올바른 방법이며, 해당 학년에서 반드시 학습해야 할 내용과 자신의 학습 진도를 비교함으로써 진도 나이 수준을 확인할 수 있다.

수학의 진도 나이는 수 체계(수와 연산), 문자와 식, 함수, 확률과 통계, 기하, 총 5가지 영역을 검사하는데, 각 영역별로 학년마다 제시하는 개념들 중 어느 정도를 학습하고 이해했는지를 진단하는 것이다. 특히 각 영역에 해당되는 내용들이 계통적으로 연계성을 가지고 있기 때문에 영역별 계통학습을 진행하거나 계획할 때 참고자료로 활용할 수 있다. 다음은 수학의 진도 나이 측정 영역을 정리한 것이다.

영역 \ 학년		중학교 1학년	중학교 2학년	중학교 3학년	고1 선택
		중학 수학			기초수학
대수	수와 연산	소인수분해 최대공약수와 최소공배수 정수와 유리수	순환소수 유리수와 순환소수의 관계	제곱근의 뜻과 성질 무리수 실수의 대소관계 근호를 포함한 사칙계산	수와 식의 계산
해석	문자와 식	문자의 사용 식의 값 일차식의 덧셈과 뺄셈 일차방정식	지수법칙 다항식의 연산 등식의 변형 연립일차방정식 일차부등식 연립일차부등식	인수분해 이차방정식	방정식과 함수
	함수	함수의 개념 순서쌍과 좌표 함수의 그래프	일차함수와 그래프 일차함수의 활용 일차함수와 일차방정식의 관계	이차함수의 의미 이차함수의 그래프와 성질	
기하		점, 선, 면, 각 위치관계 평행선의 성질 삼각형의 작도 다각형의 성질 부채꼴에서 중심각과 호의 관계 부채꼴에서 호의 길이와 넓이 다면체, 회전체 입체도형의 겉넓이와 부피	이등변삼각형의 성질 삼각형의 외심/내심 사각형의 성질 닮은 도형의 성질 삼각형의 닮음 조건 닮은 도형의 성질 활용	피타고라스의 정리 삼각비 원의 현, 접선에 대한 성질 원주각의 성질	피타고라스 정리와 삼각비
확률과 통계		도수분포표 히스토그램 도수분포 다각형 상대도수의 분포	경우의 수 확률의 뜻과 성질 확률의 계산	중앙값, 최빈값, 평균 분산, 표준편차	

고1 공동	고1~2 공동	고2 인문	고2 인문	고2 자연	고2 자연	고2 이상	고2 이상
수학 Ⅰ	수학 Ⅱ	확률과 통계	미적분 Ⅰ	미적분 Ⅱ	기하와 벡터	고급수학 Ⅰ	고급수학 Ⅱ
다항식	집합과 명제 지수와 로그						
	수열 함수		수열의 극한 함수의 극한과 연속 다항함수의 미분 다항함수의 적분	지수함수와 로그함수 미분법 적분법 삼각함수	평면곡선	그래프	미적분의 활용 편미분
방정식과 부등식							
도형의 방정식					평면벡터 공간도형과 공간벡터	벡터와 행렬	
		순열과 조합 확률 통계					

수학 나이 진단에서는 국어와 영어의 '진도 나이' 측정 때와 달리 예제 문항을 제시하지 않겠다. 왜냐하면 위 표에서 볼 수 있듯이 수학에서는 각 개념들을 모두 진단해봐야 하기 때문에 한두 개의 예제는 의미가 없다. 위 표를 참조하여 자신이 갖고 있는 자습서나 문제집에서 5가지 영역의 '개념' 이해 정도를 점검해보도록 하자. 개념 이해는 완벽하다고 느껴진다면(대부분 그렇지 않겠지만) 바로 실력 나이 점검 단계로 넘어가도 좋다. 만약 그렇지 않다면 아래 나오는 처방에 따라 수학 개념 나이를 확실히 올리도록 하자.

개념 나이 처방 1 교과서로 자신만의 개념 정리 노트를 만들어라

수학에서 가장 중요한 것이 '개념' 학습이라는 데는 이견이 없다. 하지만 개념을 익히기 위해 교과서를 열심히 읽으라거나, 무작정 풀지 말고 개념에 대해 곰곰이 생각해보라는 식으로 충고하는 것은 별로 도움이 되지 않는다. 학생들도 귀가 닳도록 들어 개념이 중요하다는 것은 알고 있다. 다만 '어떻게' 해야 개념을 잘 이해할 수 있는지를 몰라 힘들어할 뿐이다. 학생들이 보통 알고 있는 개념 공부법은 3가지 정도로 압축된다.

첫째, 교과서 읽기. 그런데 문제는 교과서를 어떻게 읽어야 하는지 구체적인 방법을 알려주는 사람이 별로 없다는 것이다. 사실 이는 다른 과목도 마찬가지다. 교과서가 가장 중요하다고들 말만 하면서 그것을 어떻게 활용해야 하는지는 제대로 가르쳐주지 않는다.

둘째, 개념 증명 과정을 3번 이상 써보기. 이 방법이 도움이 되는 것은 사실이다. 그런데 단순히 '쓰기'만 한다면 '정말로 도움이 된다'고 말하기 어렵다. 증명 과정을 써보는 행위를 통해 '이해 과정'을 반복해야 의미가 있는 것이지 그저 옮겨 적는 것은 아무런 의미가 없다.

셋째, 개념 반복 학습 및 공식 암기. 수학에서도 반복 학습과 암기가 필요한 것은 사실이다. 문제는 교과서 읽기에서처럼 '어떻게' 해야 효과적인지를 모른다는 데 있다. 단순 암기만으로 개념을 이해했다고 보기는 어렵기 때문이다. 그렇다면 진짜 개념을 '제대로' 이해할 수 있는 방법은 무엇일까? 여기서 짚고 넘어가야 할 것은 '개념 이해'라는 말이다. 흔히 '개념 알기'와 '개념 이해'가 혼용되는데, 사실 두 용어 간에는 엄연한 차이가 있다. '개념 알기'는 학습해야 할 내용 자체를 그냥 보고 아는 것이며, '개념 이해'는 해당 개념을 본인의 말로 해석해서 풀이해 설명할 수 있는 것을 말한다.

어떻게 공부해야 개념을 '이해'하는 단계까지 갈 수 있을까? 우선 수동적으로 문제집의 공식을 살펴보는 방식에서 벗어나 '스스로' 교과서 내용을 정리하는 습관을 들이자. 학생들 대부분은 수학에서 새로운 개념을 배울 때 선생님의 설명을 듣고 대략적인 감을 잡은 뒤 무조건 공식을 암기하고 문제를 많이 풀어보는 방식으로 접근한다. 물론 초등학교나 중학교 때는 이 방법이 통할지도 모른다. 게다가 어느 정도 점수가 나오다 보니 스스로 개념을 잘 이해하고 있다는 착각에 빠지게 된다. 하지만 고등학교에 올라가면서부터 문제가 생긴다. 중학교 때까지와 동일한 방식으로 공부하다 보면 개념 이해가 부족하다는 것을 피부로 느끼게 된다. 이때 고등학교 수학은 원래 어렵다는 식으로 자기 합리화를 하기도 한다.

교과서 개념 정리를 하라고 하면 학생들은 대개 이렇게 반응한다.

"에이, 뭣하러 노트 정리를 해요. 문제집하고 참고서에 다 정리되어 있는데요, 뭘. 참고서 가지고 공부하면 되지 않나요? 노트 정리할 시간에 문제 하나 더 풀래요."

"선생님! 교과서 정리는 하나도 도움이 안 되던데요. 그럴 시간에 참고서에 정리돼 있는 공식을 한 번 더 외우는 게 낫죠."

다시 한번 강조하지만, 개념을 제대로 이해하기 위해서는 자신이 공부한 것을 다른 사람에게 설명해 이해시킬 수 있을 정도가 되어야 한다. 그리고 그것이 가능하도록 개념을 가장 잘 풀어서 설명해놓은 것이 교과서다. 참고서는 이를 간단하게 요약해 공식만 정리해놓은 것이다.

그렇다면 수학 교과서는 어떻게 읽어야 할까? 수학 교과서는 국어책이 아니다. 따라서 '단순히 읽는' 것이 아니라 구석구석에 정리되어 있는 내용을 꼼꼼히 살펴 자신만의 개념 정리 노트를 만들어야 한다. 처음이라서 개념 정리가 너무 어렵게 느껴지거나, 자신이 정리한 내용이 정말 옳은지 판단하기 어렵다고 느껴질 때 비로소 참고서를 활용하면 된다. 이렇게 해야 개념을 단순 암기하는 것이 아니라 진짜 내 것으로 만들 수 있다. 다음은 학생이 실제로 교과서 내용을 정리한 사례다.

<부채꼴의 성질>
부채꼴 A, B
중심각이 같다 = 호의 길이와 넓이가 같다.
호의 길이와 넓이가 같다 = 중심각이 같다.
→ 호의 길이 2배 = 각의 크기 2배
∴ 호의 길이와 넓이 – 중심각 크기와 비례

개념 정리 학습을 시작했다면, 그다음으로 해야 할 일은 바로 단원별 기초 실력 쌓기다. 결국 수학 진도 나이는 개별 단원의 내용을 얼마나 잘 이해하고 있는지, 또 개념을 적용한 문제를 풀이할 능력이 있는지에 달려 있기 때문이다.

문제는 수학 단원에서 중요하지 않은 부분이 한 군데도 없다는 데 있다. 그러다 보니 학생 입장에서는 모든 부분을 암기하고 풀어야 한다는 강박에 시달리게 된다. 하지만 시간이 지날수록 이 단원도 부족하고, 저 단원도 부족한 것 같은 생각이 든다. 이런 상황이 반복되다 보면 잠시 수학을 놓아버리기도 하는데, 이 경우 나중에 다시 흐름을 잡기가 어려워진다.

그렇다면 단원별 학습을 가장 효과적으로 할 수 있는 방법은 무엇일까? 그것은 바로 '핵심 사항'을 정리하는 것이다. 너무 단순한가? 하지만 이 단순한 방법을 실천하는 데는 꽤 꾸준한 노력이 요구된다. 수학 각 단원에는 반드시 학습해야 할 핵심 포인트가 있는데 이를 잘 파악하는 학생일수록 해당 단원의 학습을 수월하게 진행할 수 있다.

우선 학습 목표를 보며 해당 단원에서 반드시 학습해야 하는 내용을 스스로 적을 수 있는지 파악해보자. 예를 들어 앞에 나온 학생의 노트 정리 사례에서 볼 수 있는 '부채꼴의 성질'은 해당 단원의 학습 목표인 '부채꼴의 성질에 대해 알아보자'와 상통한다. 이렇게 해당 단원의 학습 목표를 알고 공부하면, 보다 효과적으로 단원 핵심 사항을 정리할 수 있다.

학습 목표를 통한 공부가 마무리되었으면, 단원 요점정리 또는 참고서 요점정리를 바탕으로 학습 목표에서 파악되지 않은 중요 사항들을 정리해야 한다. 학습 목표에는 명시되어 있지 않지만 문제 해결의 열쇠가 되는 중요한 내용이 있다. 이를 놓치지 않기 위한 과정이라고 보면 된다. 이는 교과서만으로는 부족한 경우가 많기 때문에 참고서 요점정리를 함께 활용하는 것이 효과적이다.

이때 중요한 것은 기존 학습 내용과 연결 짓는 방식으로 공부해야 한다는 것이다. 개별 개념을 학습할 때 이전에 공부한 개념과의 연계성을 염두에 두면서 공부하라는 것이다. 수학은 다른 어떤 과목보다 체계적인 연계 학습이 필요한 과목이다. 다시 말해 해당 학년의 개념을 학습할 때 이전 학년의 어떤 단원과 연계성을 갖고 학습해야 하는지 파악하는 것이 매우 중요하다. 만약 현재 배우고 있는 개념과 연계성이 있는 이전 학년 단원이 무엇인지 모를 때는 앞서 개념 진단 부분에서 나왔던 〈표〉를 참고해 아래와 같이 점검해보자.

① 상단에서 자신의 학년을 선택한다.

② 현재 배우고 있는 단원이 있는 줄을 선택한다.

③ 선택한 줄에서 이전 학년 내용을 점검하여 알고 있는지 확인한다.

예를 들어 현재 중3 '함수' 파트를 학습한다고 하면, 중2의 '일차함수'와 중1의 '함수의 개념' 파트 내용을 잘 파악하고 있는지 점검해보는 것이다. 만약 이전 학년 개념조차 명확히 이해하고 있지 못하다면, 그 부분을 다시 공부해야 한다.

❶ 소단원 제목을 통해 오늘 공부할 것을 정확히 이해하라

개념 학습을 할 때 가장 중요한 것은 소단원 제목을 이해하는 것이다. 교과서 및 개념 자습서에 제시돼 있는 소단원 제목은 해당 단원에서 공부할 핵심을 한 줄로 요약한 것이다. 중학교 2학년 과정에 있는 '삼각형의 중점 연결 정리' 라는 소단원을 예로 들어보자. 이를 그냥 눈으로 읽는 것이 아니라 이를테면 아래와 같이 사고 전개를 해보라.

① 제목에 삼각형이 들어 있으니까 이 단원에서는 삼각형에 대해 공부하겠군.

② 중점? 가운데에 있는 점? 삼각형 가운데에 있는 점에 대한 단원인가?

③ '정리' 라는 걸 보니 어떤 성질을 증명하는 내용이 나오겠네.

이 경우 '중점' 이란 말이 무엇을 의미하는지만 알아도 해당 소단원에서 무엇을 공부해야 하는지 30%는 이해하고 시작한다고 봐도 무방하다. 여기서 '중점' 은 삼각형 가운데에 있는 점이 아니라 '삼각형을 이루는 각 변의 중심에 있는 점' 을 말한다. 아무튼 이렇게 소단원 제목을 보고 미리 공부 내용을 유추해보는 과정을 거치면 개념 학습 과정이 훨씬 수월하게 이루어질 수 있다.

❷ 누구나 알고 있는 '수학의 기본' 에 충실하라

수학을 공부할 때 나오는 개념이나 단어, 정의, 기호를 정확히 숙지해야 한다는 것은 누구나 알고 있는 사실이다. 문제는 아는 것과 실천하는 것이 다르다는 데 있다. 학년이 올라갈수록 단순 암기로 해결할 수 없는 개념들이 점점 많아지고, 개념을 설명하는 용어 자체가 어려운 경우도 많아지기 때문이다. 하지만 그럴수록 사전을 찾아보면서라도 개념 설명을 이해하려고 노력해야 한다. 하나 덧붙여, 개념 공부를 하면서 이를 표현하는 '수학적 기호'들도 반드시 숙지하도록 하자. 수학은 각종 표현을 기호로 나타내는 과목이기 때문에 이를 이해하고 있어야 한다.

❸ 정리(성질)는 꼭 자기 손으로 증명해보라

중학교 2학년 2학기 때부터 정의, 정리, 증명에 대한 정확한 개념을 이해하게 된다. 이때부터 강조되는 것은 '성질을 공부했으면 자기 손으로 증명해봐야 한다'는 것이다. 정의가 약속이라면, 이 정의에서 도출된 여러 특징들이 바로 성질이다. 수학은 매우 논리적인 과정으로 이 성질들을 설명해야 하는 과목이다. 특히 수 체계, 도형 단원에서 '~을 증명하라'는 문제가 나오면 이를 스스로 해결할 수 있는 수준으로 공부해야 한다. 증명 과정이 중요한 이유는 정의에서 도출될 수 있는 성질이 매우 다양하고 증명 방법도 여러 가지일 수 있기 때문이다. 대부분의 공식은 증명 과정을 생략한 채 결과만을 수식으로 정리해놓은 것이다. 따라서 그 과정을 이해하고 공식을 암기하면 활용 범위와 방법이 매우 넓어진다.

❹ 예제로 개념을 완벽하게 이해하라

수학 교재들은 대개 개념을 설명한 다음 이를 간단히 확인하기 위해 예제를 제시한다. 해당 소단원의 개념을 제대로 이해했다면 무척 쉽게 느껴지는 문제들이다. 굳이 풀이할 필요가 있나 싶을 정도인 문제가 많다. 하지만 그렇다고 해서 그냥 넘어가면 안 된다. 예제가 중요한 까닭은 2가지다.

첫째, 개념 이해를 제대로 했는지 확인하는 장이기 때문이다. 방금 공부했기 때문에 문제가 무척 쉬워 보일 수도 있지만, 막상 풀어보면 오답을 내는 경우가 종종 있다. 자만하지 말고 바로 풀어봄으로써 개념 이해 정도를 체크할 수 있다.

둘째, 예제를 통해 단순히 확인 차원을 넘어 개념을 더욱 확실하게 내 것으로 만들 수 있다. 특히 수 체계, 문자와 식, 함수 단원 등은 개념 설명만 공부해서는 본격적인 문제 풀이에서 애를 먹을 가능성이 많다. 따라서 예제 풀이를 통해 '아, 문제에서는 이렇게 적용되는 것이군' 하는 실전 감각을 기를 수 있다. 예를 들어 '함수'라는 용어가 처음 등장하는 중학교 1학년 교재에서는 이 용어를 다음과 같이 정의한다.

두 변수 x와 y에 대하여 x의 값이 하나 정해지면 그에 따라 y의 값이 오직 하나씩 대응하는 관계에 있을 때 y는 x의 함수라 한다.

이를 처음 본 중학교 1학년 학생들 중 바로 그 의미를 파악할 수 있는 비율이 얼마나 될까? 많지 않을 것이다. 하지만 다음과 같은 쉬운 예제를 풀어보면 무슨 뜻인지 바로 이해가 된다.

한 개에 100원인 사탕 x개의 가격 y원

x(개)	1	2	3	4	5	6	...
y(원)	100						...

이 문제를 해결하는 것은 어렵지 않다. 그런데 중요한 것은 난이도가
아니라 이 문제를 통해 '오직 하나씩 대응하는 관계'에 있는 함수의 개념
을 아주 쉽게 이해할 수 있다는 것이다. 이제는 왜 예제를 꼭 풀어봐야 하
는지 이해했을 것이다.

❺ 소단원 학습을 마무리하면서 중요 내용을 노트에 요약·정리해두라

쉽게 말해 자기만의 개념 정리 노트를 만들라는 얘기다. 너무 단정하
고 예쁘게 만들 필요도 없고, 참고서처럼 자세하게 적을 필요도 없다. 간
단하게 키워드만 정리해두는 정도면 충분하다. 중요한 개념을 다시 반복
확인하는 효과가 있고, 수학 공부를 할 때마다 늘 옆에 두고 수학 체계를
확인하는 데도 많은 도움이 된다.

❻ 개념 학습 교재 선정의 원칙

개념 학습을 위한 최적의 교재는 무엇일까? 사실 거의 모든 수학 교재
출판사에서 개념 학습서를 출간하고 있다. 내용도 거의 비슷하다. 따라

190

서 자신의 취향에 맞는 것을 고르는 게 가장 좋다. 다만 다음 내용을 참고하도록 하자.

수학 개념서도 자세히 보면 특징이 있다. 선생님이 옆에서 가르쳐주듯이 자세하게 설명한 교재가 있는 반면, 핵심 내용만 요약 정리한 교재도 있다. 만약 평소 공부할 때 개념을 이해하는 데 시간이 많이 걸리거나 용어가 어렵다고 느끼면 최대한 자세히 설명되어 있는 교재를 선정하는 것이 좋다. 단, 이런 교재들은 설명이 풍부한 데 비해 문제가 적다는 단점이 있다. 따라서 이런 교재를 선정했을 경우, '1강, 2강, 3강' 하는 식으로 구성돼 있는 얇은 문제집을 골라 병행해 공부하는 것이 좋다.

반면 수학 교과서에 나오는 용어들은 이해가 되는데 핵심 개념 파악에 약간 어려움을 느끼는 경우라면 핵심 개념들을 노트 정리하듯 구성한 교재를 선택하는 것이 좋다. 이런 교재는 설명이 간단한 대신 비교적 예제가 풍부하게 실려 있어 이를 통해 개념을 이해할 수 있다는 장점이 있다.

수학 실력 나이

02

1. 발상력, 진정한 수학의 세계로 들어가는 첫걸음

발상력 나이 진단

중간고사나 기말고사처럼 범위가 한정된 시험을 볼 때는 큰 무리가 없었으나, 국가성취도평가와 같은 종합평가 때는 수학 점수가 크게 하락한 경험을 한 적이 있는가? 배운 적이 없는 개념이라는 생각이 들어 선생님께 질문했는데, 막상 듣고 나서는 '아하, 이거!' 하며 무릎을 친 적이 있는가? 그렇다면 발상력이 부족한 것이다. 발상력은 문제를 풀기 위해 필요한 '아이디어'를 떠올릴 수 있는 능력을 말한다. 학년이 올라갈수록 수학 문제 해결에 적용할 수 있는 개념의 수가 많아지게 되는데, 이때 어떤 개념을 적용해야 할지 헷갈리는 경우가 생긴다. 이는 특히 단원 통합형 응용문제 풀이 시 주로 발생하게 되는데, 이때 필요한 개념을 콕 집어서 적용할 수 있는 능력을 발상력이라고 보면 된다.

현재 공부하는 단원에 국한된 문제 풀이는 문제없이 진행하지만, 다음 단원을 학습한 뒤 다시 이전 단원 문제를 풀어볼 때는 어떤 개념을 적용해서 풀어야 할지 막막해하는 경우가 발상력 부족의 대표적인 사례다. 하지만 이는 개념을 정확히 이해하지 못해 진도 나이가 부족한 학생에게도 나타날 수 있는 현상이니 구분해서 판단해야 한다.

그 외에 단원 간 관계를 명확히 파악하지 못하거나 문제를 보고 적용해야 할 개념을 연결 짓지 못하는 경우는 분명 발상력 부족이라고 보면 된다. 이런 학생들은 특정 단원 학습 시에는 문제를 잘 풀어내기 때문에 소단원, 대단원 평가 때는 별다른 문제점을 보이지 않는다. 심지어 최고 점수를 받기도 한다. 하지만 2~3개 단원을 종합적으로 평가하는 경우에는 발상력 부족 문제가 드러난다. 이렇듯 발상력은 개별 학습 진행 단계에서는 점검하기 어려우며, 실제 시험 결과로 나타나기 전까지는 파악하기 어려운 '침묵의 수학 능력'이다. 이런 이유 때문에 열심히 공부했다고 생각했고, 나름 잘 해내고 있다고 믿었는데 의외로 결과가 좋지 않게 나와 수학에 대한 자신감 하락을 촉진시키기는 계기가 되기도 하니 매우 유의해야 하는 능력이다. 그렇다면 발상력이 부족한 학생들은 어떤 학습 행태를 보일까?

첫째, 해당 문제가 어떤 단원의 어떤 개념을 묻고 있는지 도출해내지 못한다. 응용문제가 아닌 일반 개념을 적용한 문제 풀이 과정에서조차도 어떤 공식을 적용해서 풀어야 할지 막막해 하는 학생들이 있다. 간혹 중학생 중에는 많은 문제 풀이를 통해 문제 자체의 일정한 패턴을 암기함으로써 자신만의 개념 적용 방식을 만들어내는 경우도 있는데, 이런 학생이 고등학교에 진학해서 첫 모의고사를 보면 당혹스러운 결과를 받곤 한다. 발상력을 통해 개념을 적용시키는 연습을 하지 않고 문제 패턴 자체를 외웠기 때문에 완전히 새로운 문제를 만났을 때는 힘을 쓰지 못하는 것이다. 이런 좌절 과정이 반복되게 되면 해당 학생은 결국 '수포자(수학 포기자)'가 되고 만다.

둘째, 문제에서 전제하고 있는 연계 개념들 간의 관계를 도출해내지 못한다. 발상력을 통해 문제 풀이의 핵심 'key'를 찾아낼 수 있는데, 이때 한 가지 개념만을 바르게 도출했다고 해서 문제가 해결되지는 않는다. 특히 응용문제의 경우에는 다양한 개념, 용어, 공식이 복잡한 구조로 엮여 있어 이 실타래를 하나하나 해결해 나가야 문제를 풀 수 있다. 이런 이유로 처음에는 어느 정도 문제를 풀어 나가다가 중간에 막혀 더 이상 나아가지 못하는 경험을 하게 되는 것이다. 복잡한 문제 속에서 해결의 단서 '1, 2, 3…'을 모두 찾아낼 수 있는 능력! 이것이 바로 발상력이다.

예를 하나 들어보자. 아래 예제와 같은 개념 도출 문제나 응용문제가 바로 발상력을 요구하는 것이다.

예제 | 문제를 풀 때, 다음 〈보기〉에서 필요한 개념으로 옳은 것을 모두 고르시오.

〈보기〉
A. 연립부등식의 해는 각 부등식을 동시에 만족하는 미지수의 값이나 범위를 구하는 것이다.
B. A〈B〈C 꼴의 연립부등식은 A〈B, B〈C이다.
C. 정수의 종류에는 양의 정수, 0, 음의 정수가 있다.

[문제] 연립부등식 3x+2 < 4x+1 ≤ 2x+9를 만족하는 정수 x의 개수를 구하여라.

① A

② B

③ C

④ B, C

⑤ A, B, C

감이 잡히는가? 한두 문제 정도로 자신의 발상력 나이 상황을 진단하기는 어려우니, 위와 같이 종합적인 개념 이해를 묻는 문제들을 자습서나 문제집에서 찾아 진단해보자. 그리고 위에서 말했듯 단지 진도 나이 부족 때문이 아니라 발상력 자체가 부족한 것으로 드러나면 아래 처방에 따라 공부법을 보완하도록 하자.

<table><tr><td>발상력 나이 처방 1</td><td>발상력 수준에 따른 3단계 처방</td></tr></table>

문제 풀이에서 가장 중요한 것은 물론 해당 개념을 아는 것이다. 그런데 개념을 안다고 해서 문제 풀이 시 그것을 제대로 도출해낼 수 있는 것은 아니다. 발상력이 부족하면 바로 이 부분에서 막힌다. 여러 개념이 혼합된 문제, 두세 개 단원에 대한 종합평가 문제 등에서 어려움을 느끼고, 비록 문제를 풀었더라도 왜 해당 개념을 적용해야 하는지 명확히 설명하지 못하는 경우도 있다.

그러면 이렇듯 발상력이 부족할 경우 어떻게 해야 할까? 발상력 수준에 따라 각기 다른 학습법을 적용해야 한다. 다음 상황 중에서 자신이 가장 많이 접하는 상황이 무엇인지 체크하고, 그 수준에 맞는 학습법을 익히도록 하자(단, 여기서의 발상력 분류는 기본 개념에 대한 이해 및 다른 실력 나이가 기본 수준일 경우로 한정한다).

Grade 3

'이 문제 도대체 뭐야? 어떻게 풀라고 이런 문제를 낸 거지?'

'난 이런 거 배운 적 없는데, 왜 선생님은 배우지 않은 데서 문제를 내는 거야?'

(힌트를 들은 후) '아, 이게 그거였구나!'

발상력 최저 수준이다. 과거에 어떤 개념을 배웠는지 어렴풋이 기억하긴 하지만 실제 문제에 적용할 수 있는 능력이 매우 부족한 상태다. 기본 개념 학습만 겨우 한 상태에서 실제 문제 풀이를 게을리 한 경우 나타날 수 있는 현상이다. 문제를 푼 경우에도 기본 문제나 유제를 한 번 정도 푼 뒤 다음 단원으로 진도를 나갔을 가능성이 크다. 당연히 단원 종합문제 풀이는 하지 않은 케이스다. 개념 공부를 했다고 해도 문제에 적용하는 연습을 하지 않으면 발상력을 향상시킬 수 없다. 따라서 기본 문제, 필수 예제, 유제는 반드시 3회 이상 풀어 해당 유형을 확실히 익혀야 한다. 이 때 어렵다고 느끼거나 2회 이상 틀리는 문제는 오답 노트로 정리해두자. 오답 노트를 정리할 때는 해당 문제의 페이지와 번호만 기재하고 소단원 명을 표기해두지 않도록 하라. 해당 문제를 보고 어떤 개념을 적용해야 하는지를 떠올려보는 연습을 차근차근 해보는 것이다. 간혹 이런 학생들 중 어려운 문제부터 해결하려는 경우가 있는데, 그보다는 소단원별 기본

문제부터 제대로 푸는 연습이 선행되어야 한다.

Grade 2
'아! 이거 뭐더라. 기억이 날 것 같은데!'
'음, 이거 분명 배운 것 같은데, 뭐였더라?'

자신이 해당 개념을 배운 사실을 알고 있고 기본 문제에 적용하는 데도 큰 무리는 없는 수준으로, 수식으로 된 문제는 개념을 적용해서 잘 푸는 편이다. 하지만 수식을 글로 풀어서 설명한 문제를 접할 때는 풀이 자체를 어려워하거나 해당 개념을 잘 도출해내지 못한다. 이런 학생의 경우 개별 단원 평가 문제까지는 곧잘 풀어낸다. 하지만 2~3개 단원에 대한 종합문제를 풀 때는 개념 적용에 어려움을 느끼고 이를 도출해내는 속도가 단원 평가 풀이 때보다 현저하게 떨어진다. 따라서 개별 단원만을 평가하는 시험에서는 높은 점수를 받기도 하므로 발상력에 문제가 있는지 파악하기 쉽지 않다. 그 때문에 학생 스스로도 수학 실력이 괜찮다고 느끼는 경우가 많다. 하지만 광범위한 영역을 다루는 기말시험 때에는 급격히 점수가 떨어지는 현상을 경험한다.

이런 학생은 우선 문제를 풀기 전에 해당 문제가 어떤 개념을 적용해서 풀어야 하는 것인지를 문제 위에 간략히 적는 연습을 하도록 하자. 아무리 간단한 문제라도 이 연습을 통해 해당 문제를 푸는 데 좀 더 적합한 개념이 무엇인지 찾아내야 한다. 특히 단순 수식 문제보다는 글로 된 필수 예제 및 단원 평가 문제 풀이에 좀 더 집중해 대표 문제 유형에 필요한 공식과 개념을 나름대로 정리해야 한다. 그러면서 왜 그러한 발상이 떠올랐는지 친구에게(혹은 스스로 적어 가며) 설명함으로써 자신의 논리를 정리해보는 것도 좋다.

> **Grade 1**
> '아하! 이건 이 개념과 공식을 적용해서 풀면 되지!'

두말할 필요 없이 발상력 최고 수준이다. 소단원 문제든 대단원 종합 문제든 수월하게 진행할 수 있다. 물론 이런 학생들 중에도 실전 문제에서 약간의 어려움을 느끼는 경우가 종종 있다. 이는 과정전개력과 응용력 등에 해당하는 문제이므로 여기서는 생략하도록 하겠다. 다만 발상력에 큰 문제가 없는데도 종종 막히는 경험을 하는 학생들에게 몇 가지 팁을 주겠다. 우선 자신이 잘 틀리는 개념과 공식을 미리 파악해 몇 가지로 정리해두자. 그다음 그와 비슷한 유형의 문제가 나오면 우선 자신이 잘 틀리는 개념과 공식부터 대입해서 풀어보는 것이다. 그렇게 하면 실수나 개념의 누수 없이 문제를 풀어낼 아이디어를 도출해낼 수 있게 되며, 이로써 최상위권으로 가는 첫걸음을 내딛게 된다.

발상력 나이 처방 2 구체적 학습법과 교재 선정법

발상력이 부족하다는 것은 학년이 올라갈수록 점점 난이도가 높아지는 수학의 세계로 발을 들여놓을 수 없다는 것을 의미한다. 따라서 발상력이 부족한 경우 다른 학생들보다도 학습법에 더 많이 신경 써야 한다.

❶ 단원마무리 문제를 먼저 풀어보라

일반적으로 문제집은 소단원 개념을 먼저 다룬 뒤 이를 적용한 문제들이 바로 나오는 순서로 구성된다. 따라서 문제를 풀 때 '이 문제는 부채꼴 넓이를 구해야 풀 수 있는 문제군' 하는 식으로 풀이 방식을 짐작할 수가 있다. 하지만 발상력을 높이려면 이렇게 힌트를 먼저 얻지 말고 스스로 찾아보는 연습을 해야 한다. 그러려면 소단원 개념 학습을 한 뒤 단원마무리 문제를 먼저 풀어보는 게 좋다. 각 문제가 어떤 소단원에 해당하는 문제인지, 어떤 개념과 성질을 이용해야 풀 수 있는 문제인지 등을 스스로 생각해 알아내는 연습을 하는 것이다.

❷ 문제에서 많은 힌트를 뽑아내라

문제에는 항상 답을 찾을 수 있는 중요한 조건이나 힌트들이 제시되어 있다. 이 힌트들을 찾아 조합하여 해결의 실마리를 찾아낼 수 있어야 한다. 그러나 발상력이 부족한 학생들은 문제에 제시된 조건들이 무엇인지, 어떤 힌트들이 숨어 있는지를 발견하는 데 어려움을 느낀다. 대표적으로 문제에서 해결의 실마리를 찾아낼 수 있는 방법은 다음과 같다.

① 무엇을 구해야 하는지 찾아 표시한다.

② 문제 풀이에 사용해야 하는 개념이나 공식을 떠올려본다.

③ 문제가 길고 복잡하면 끊어 읽으며 문장 속에서 힌트를 찾아내거나 그림으로 그리면서 이해한다.

예를 들어보자. 중학교 1학년 '문자와 식' 단원 이후로 미지수 개념을 정식으로 배우게 된다. 또한 이후 등장하는 거의 모든 문제들은 미지수를 문자로 설정하여 풀이하도록 훈련시킨다. 그러므로 이 경우 발상력 향상의 첫 단계는 문제에서 내가 어떤 값을 구해야 하는지를 찾아내는 것이다.

예제 | x에 대한 일차방정식 $7x-a=2x+2$의 해가 3일 때, 상수 a의 값을 구하여라.

이 문제에서 요구하는 것은 '상수 a의 값'을 구하는 것이다. 문제에 아주 분명하게 나와 있다. 그런데 일반적인 일차방정식 문제들의 경우 해 또는 x의 값을 구하는 것이 많으므로 이런 문제에서 오답을 내는 학생들도 있다. 수학에서 기초적인 수준에 해당하는 문제이긴 하지만, 그래도 문제에서 요구하는 것이 무엇인지를 정확히 확인해야 함을 알려주는 좋은 예시 문항이다.

또한 이 문제를 풀이할 때 사용해야 하는 개념이나 공식에는 무엇이 있을까? 이미 문제에 힌트가 주어져 있다. 이 식은 일차방정식이고 해가 3이라고 나와 있다. 그러므로 이 문제를 풀기 위해서는 '우선 x에 3을 대입하여 a에 대한 일차방정식으로 바꾼 다음 이항을 이용해야 한다'는 생각이 떠올라야 한다. 다시 말해 문제를 풀려면 일차방정식의 정의와 이항 개념을 활용해야 한다는 것이다.

이 단계까지는 학생들이 대부분 공감하므로 빠른 시간 내에 훈련시킬 수 있는 부분이다. 발상력이 부족한 학생들이 가장 해결하기 어려워하는 문제는 다음과 같이 여러 개념을 한꺼번에 적용해야 하는 문제다.

예제 | 일정한 속력으로 달리는 전철이 길이 1200m인 터널을 완전히 통과하는 데 20초가 걸리고, 길이 400m인 다리를 완전히 통과하는 데 걸리는 시간은 10초이다. 이 전철의 길이를 구하여라.

이 문제를 풀기 위해 필요한 개념은 무엇일까? '거리=속력×시간' 이다. 여기까지는 대개 짐작한다. 문제는 여기서 요구하는 답인 '전철의 길이'를 구하기 위해 어떻게 해야 하는가에 있다. 문제에는 어떤 힌트가 주어져 있을까? 문제를 다음과 같이 끊어 읽어보자.

(1) 일정한 속력으로 달리는 전철이 (2)길이 1200m인 터널을 완전히 통과하는 데 20초가 걸리고 (3)길이 400m인 다리를 완전히 통과하는 데 걸리는 시간은 10초이다. 이 전철의 길이를 구하여라.

이 문제를 풀기 위해 활용할 수 있는 힌트는 3개다. '일정한 속력으로 달린다' 는 말은 '거리=속력×시간' 공식을 적용할 때 속력은 상수로 처리해도 된다는 의미다. 또한 (2)와 (3)을 통해 전철의 길이를 구할 수 있는 2개의 수식을 세울 수 있다. 그리고 이 수식을 세우고 나면 일차방정식의 풀이 개념을 사용하게 된다. 복잡한 문제라도 이렇게 간결하게 요약하거나 끊어 읽으면 문제에서 제공하는 힌트를 보다 쉽게 파악하고 해결의 실마리를 얻을 수 있다.

❸ 많은 문제를 읽고 생각해보라

발상력이 취약한 학생들에게 가장 중요한 것은 다양한 문제 유형을 많이 접해보는 것이다. 그러므로 유형서를 통해 다양한 문제를 접하도록 하고, 앞의 '문제에서 많은 힌트를 뽑아내라'에서 말한 ①~③을 노트에 적어보는 훈련을 해야 한다. 문제에서 찾은 힌트들을 어떻게 엮어서 풀어 나갈 것인지를 간단하게 순서도로 표현해 보는 것이다. 그런 다음 자신이 생각해낸 과정을 유형서의 해설과 비교해보자. 자신이 해설에서 제시하는 방법으로 풀 수 있을 만큼 충분한 조건을 파악했는지 살펴보는 것이다. 이 과정이 처음에는 쉽지 않을 것이다. 그러나 이를 꾸준히 연습한다면 문제 유형에 대한 파악으로도 이어질 수 있을 것이다.

❹ 문제은행식 교재를 활용해보라

발상력을 향상시키고자 한다면 문제은행 교재를 선택해 위 방법대로 공부해보는 것도 좋은 방법이다. 문제은행식 교재는 대부분 비슷한 구성과 유형으로 되어 있으므로 본인의 취향에 맞는 교재를 선정해 끝까지 공부하는 것이 가장 좋은 방법이다. 학교 시험지처럼 구성된 교재도 있고, 단순하고 깔끔하게 구성된 교재도 있으며, 컬러풀하게 구성된 교재도 있다.

2. 과정전개력, 풀이 과정을 책임지는 첨병

과정전개력 나이 진단

문제를 풀고 검토까지 한 뒤에 채점을 해봤더니 생각보다 많이 틀려서 의아해했는데 다시 살펴보니 다 풀 수 있는 문제였던 경우가 있을 것이다. 서술형 평가 때 분명 답을 맞게 썼는데 부분 점수가 깎여 다시 확인하러 가보니 중간에 자신이 전혀 생각지도 못한 과정으로 풀어놨던 경험도 있을 것이다. 과정전개력에 문제가 있는 것이다.

새로운 개념에 대해 설명할 때 선생님들이 가장 먼저 하는 것은 무엇일까? 바로 개념에 대한 이해를 돕고자 개념 증명 과정 자체에 대해 설명해주는 것이다. 하지만 학생들 대부분은 이를 대수롭지 않게 여긴다. 그저 개념이란 읽고 넘어가면 되는 것이고 공식만 암기하면 된다고 생각한다. 하지만 이렇게 과정전개에 대한 이해가 선행되지 않으면 실전에서 치명적인 실수를 저지르게 된다.

간혹 수학 문제를 풀라고 하면 머릿속으로만 과정을 전개하고 문제지나 연습장에는 한두 개 숫자만 적어놓는 경우가 있다. 이렇게 하면 답을 맞혀도 못 맞혀도 문제가 된다. 답을 맞혔다 해도 자신이 어떻게 풀었는지를 제대로 설명하지 못하는 경우가 많고, 답이 틀린 경우에는 풀이 과정 중 어떤 부분에서 틀렸는지를 파악할 수 없게 된다. 결국 어느 경우든 사고 전개 과정을 검증할 수 없으니 수학 능력 향상에 전혀 도움이 되지 않는 것이다.

과정전개력이란 이렇듯 풀이 과정에서 발생할 수 있는 사소한 실수를 방지해주는 역할을 하는 능력이다. 여학생들에게 과정전개를 '잘하라고' 하면 예쁜 글씨로 풀이 과정을 꼼꼼하게 적어 내려가는 경향이 있다. 그런 까닭에 필기 연습에 많은 시간을 할애한다. 하지만 여기서 말하는 과정전개력 훈련은 '예쁜' 노트 필기를 말하는 것이 아니다. 실제 자신의 풀이 과정을 점검할 수 있을 정도로만 정리하는 것이 좋다. 물론 나중에 알아보지 못할 만큼 휘갈겨 써서는 곤란하다. 최소한 자신이 파악할 수 있는 수준에서 정리하면 된다.

이러한 풀이 과정 전개 연습은 결과적으로 수학의 논리적 흐름을 정리하는 능력을 길러준다. 평소에 생각이 정리되지 않을 때, 머릿속의 생각을 간단히 메모하면서 정리해본 경험은 누구에게나 한번쯤 있을 것이다. 그러다 보면 문제 해결의 'key'를 도출해낼 수 있기 때문이다. 수학에서도 마찬가지다. 문제만 봤을 때는 한번에 정리되지 않던 논리의 흐름이 과정전개 연습을 통해 보이게 된다. 그러다 보면 문제 해결의 실마리와 개념들이 하나둘씩 파악되기 시작한다.

그러면 과정전개력 나이는 어떻게 진단해야 할까? 과정전개를 묻는 문제들을 풀어봄으로써 진단해볼 수도 있지만, 평소의 기본적인 학습 행태를 통해서도 파악해볼 수 있다.

첫째, 과정전개력이 부족한 학생들은 우선 풀이 과정 쓰기 자체를 귀찮아한다. 실제로 중학교 1학년까지의 수학에서는 과정전개가 많은 분량을 차지하지도 않고, 암산으로도 가능한 경우가 있기 때문에 풀이 과정 없이 문제를 푸는 학생들을 종종 볼 수 있다. 이런 학생들은 머릿속으로 암산해 푸는 것이 더 빠른데 뭣하러 굳이 시간을 들여 풀이 과정을 써야 하는지 납득하지 못한다. 하지만 이런 학생들은 점점 고학년이 될수록 본인의 문제 풀이 과정을 정리하지 못하게 된다. 그 결과 이들은 풀이 과정이 필요 없는 간단한 문제만 풀고 복잡한 연산 문제는 풀지 않는 학생이 되어버린다.

둘째, 풀이 과정을 잘 쓴다고 해서 모두 과정전개력이 높은 것은 아니다. 풀이 과정을 쓰더라도 중간에 생략이 많은 학생은 과정전개력이 낮은 학생들이다. 분명 풀이 과정을 쓰긴 했는데 무언가 하나씩 빠져 있는 학생을 말한다. 물론 너무나 당연한 등식이나 연산의 경우에는 과정전개가 필요 없는 경우가 있다. 하지만 이런 학생들은 과정전개 과정에서 암산을 통한 생략을 너무 많이 해, 적어놓은 과정을 볼 때에도 설명을 따로 들어야만 이해가 되는 경우가 많다. 이들은 '풀이 과정이 중요하다고 하니 쓰긴 쓰는데, 자신이 쓰고 싶은 것만 쓰는' 경우다. 겉으로 보기엔 풀이 과정도 잘 쓰니 별 문제가 없어 보일 수 있으나, 연산 실수라든지 등식 실수가 잦다. 그럴 때마다 '앗! 실수' 하며 별것 아닌 것처럼 말하지만 다시 풀이를 시키면 동일한 실수를 또 저지른다.

셋째, 과정전개력이 낮은 학생들은 검산 시 혹은 다시 풀 때에 동일한 풀이 과정을 적용하지 않는다. 처음 풀었을 때 맞았다면야 큰 문제가 없지만, 틀린 문제를 한두 번 다시 풀 때는 매번 다른 답을 도출하니 문제가 된다. 물론 단순히 연산 실수인 경우도 있다. 하지만 풀이 과정 자체를 매번 다르게 하는 경우도 다반사다.

넷째, 서술형 문제 풀이에 약하다. 현재 내신에서 서술형 평가의 비중이 높아지고 있다. 대입 시험에서도 문제 해결 과정을 논리적으로 설명해야 하는 구술이나 논술의 비중이 꽤 높아진 현 상황에서 서술형 평가 대비는 필수다. 그런데 과정전개력이 부족한 학생의 경우, 답은 맞혔는데 풀이 과정에서 논리적 비약이나 실수를 저질러 정작 점수는 기대했던 것보다 낮게 받는다.

과정전개력이 낮은 학생들은 위의 4가지 특징과 더불어 대개 아래와 같은 질문 유형의 문제들을 자주 틀리니, 이를 참고해 지금 바로 관련 문제들을 풀어보아도 좋고, 평소 이러한 유형의 문제를 많이 틀렸는지 체크해보아도 좋다.

- 증명 과정을 순서대로 옳게 배열한 것을 고르시오.
- 풀이 과정으로 옳은 것을 고르시오.
- 다음 풀이 과정에서 빈칸에 들어갈 수식으로 알맞은 것은?
- 다음 문제의 전개 과정 중 처음으로 오류를 범한 곳은 어디인가?

과정전개력 나이 처방 1　스스로 써보는 것이 기본이다

과정전개력은 수학 학습 습관과도 연결되어 있기 때문에, 전문가들에 따라 단순 '습관' 의 차원으로 국한해서 설명하기도 한다. 하지만 단순 습관으로만 치부하기에는 실제 점수에 미치는 영향이 크기 때문에 일정 부분 역량을 길러주어야 한다.

과정전개력 부족의 문제는 '암산을 사랑하는 중학생' 에게서 가장 흔히 나타난다. 과정전개 자체에 암산이 너무 많이 개입하다 보니 다 풀고 나서 어떻게 풀었는지 설명하려면 다시 풀어야 하는 경우가 생긴다. 적어

놓은 과정에 생략과 비약이 많다 보니 본인도 설명하지 못하는 것이다.

과정전개력에도 다양한 수준이 존재하기 때문에 자신의 상황에 맞는 처방을 적용해야 한다. 아래에서 자신이 가장 많이 접하는 상황이 무엇인지 체크하고, 이에 따른 학습법을 익히도록 하자(단, 여기서의 과정전개력 분류는 기본 개념에 대한 이해도 및 다른 실력 나이가 기본 수준일 경우로 한정한다).

Grade 3

'이 개념을 사용해야 하는 건 알겠는데…. 해설지에서 이렇게 푼 이유를 모르겠네?'

'흠, 해설지를 봐도 도무지 모르겠는걸.'

'쩝, 선생님이 설명해줘도 잘 모르겠다.'

해설지를 보고도 왜 그렇게 풀어야 하는지 모르니, 과정전개력 최하 수준이다. 이는 기본적으로 개념에 대한 정확한 이해가 부족하거나 설사 개념을 잘 알고 있더라도 실제 문제를 많이 풀어보지 않은 경우에 발생한다. 특히 여러 개념을 복합적으로 적용해야 하는 응용문제에서 많이 발생하는데, 단순 공식 암기를 통해서만 문제를 풀어본 경우 더욱 두드러지게 나타난다.

만약 개념에 대한 이해가 부족해서 생긴 일이라면 개념 학습에 집중해 실력을 쌓으면 되지만, 개념이 확실히 잡혀 있는데도 이런 일이 종종 생긴다면 딱히 맞춤형 학습법이라고 할 만한 게 없다. 다만 이런 학생들은 무작정 공식을 외워 적용하는 단순 대입 방법으로 문제를 푸는 경우가 많으므로 문제 풀이 습관 자체를 교정해야 할 필요가 있다. 우선 공식에 단

순 대입하여 풀기보다 공식을 이끌어내는 과정에 문제를 대입해서 풀어
보는 연습을 할 필요가 있다. 또한 해설을 그냥 '읽지' 말고 '써' 보는 것
도 좋은 방법이다. 해설을 읽을 때는 당연히 고개가 끄덕여진다. '맞아,
이렇게 푸는 거지.' 하지만 학습 능력 향상에는 전혀 도움이 되지 않는
다. 해설을 직접 옮겨 쓰면서 중간에 빠져 있는 논리는 없는지 찾아보는
연습을 하는 것이다. 만일 혼자 하기 어렵다면 친구들과 함께 '해설 옮겨
쓰기'를 하며 각자 빠진 논리를 채워보자. 그다음 옮겨 쓴 해설을 서로
비교해보는 것이다. 이것도 어렵다면 선생님을 적극 활용하자. 본인의
풀이 과정을 선생님께 점검받는 것이다.

Grade 2

'이 문제는 원래 이렇게 푸는 건데…. 이유는…, 그냥 이게 맞는 거 같아
서….'

'이 공식을 왜 사용했냐고요? 그건….'

'이런 유형의 문제는 그냥 이렇게 풀던데요?'

수학 공부에서 가장 유의해야 할 사례다. 중학생의 경우 상위권에서도
이런 사례를 종종 볼 수 있다. 문제를 풀었고 맞히기까지 했는데 왜 그렇
게 풀리는지는 명확하게 설명하지 못하는 것이다. 당장은 누수가 보이지
않고 심지어 고득점을 하는 경우까지 있어 문제점을 자각하기 어렵다.
하지만 중학교 때까지 이렇게 공부한 학생은 고등학교 모의고사에서 거
의 번지점프 수준의 점수 하락을 경험하기도 한다.

이 수준에 해당하는 학생들의 과정전개력을 보면 풀이 과정을 거의 외
우는 식이다. 즉, A유형은 a과정으로, B유형은 b과정으로 풀면 된다는

논리다. 이들 중에는 개념이나 공식 도출 과정을 간략하게 설명한 뒤 바로 수많은 문제를 풀어보는 것이 왕도인 양 가르치는 학원들의 영향을 받은 경우가 많다. 그런 까닭에 학원에서 과도한 선행을 한 학생일수록 이러한 경향이 짙다.

그렇다면 이런 학생들에게는 어떤 처방을 내리는 것이 좋을까? 앞선 경우와 마찬가지로 자신의 문제 풀이 과정과 해설지의 풀이 과정을 비교해 중간에 생략되어 있는 과정을 파악하는 것이 우선이다. 그다음 단계에서 해야 할 일은 해설지 풀이에서 한 줄 한 줄 수식이 전개되는 과정마다 주석을 달아 친구에게 설명하듯 정리해보는 것이다. 다시 말해 단순히 과정을 옮겨 적으며 익히는 것이 아니라 누군가에게 그것을 설명하듯 '이야기하면서' 정리해보라는 것이다. 그러다 보면 자연스럽게 해당 풀이 과정에 적용된 개념들도 설명하고 정리하게 된다. 과정전개력이 이 수준에 있는 학생들에게 주석을 달아보라고 하면 달랑 공식 하나만 적어둘 뿐 상세한 설명을 하지 못한다. 알고 있는 것을 제대로 출력하는 연습을 통해 학습 내용을 보다 체계적으로 정리할 수 있게 될 것이다.

Grade 1

'아하! 이건 a개념을 이렇게 이용해서 푸는 것이지!'

해설을 보지 않고도 해당 풀이 과정이 어떤 개념과 과정을 거쳐 나오게 되는지 설명할 수 있는 수준이다. 물론 이와 같은 학생들도 종종 문제 풀이 과정에서 실수를 저지른다. 주로 알고 있는 개념을 변형해 풀어야 하는 문제, 복합 개념을 묻는 문제, 응용문제 등에서 실수한다. 이 경우 다음 방법을 적용해보도록 하자. 우선 한번 풀어 틀린 문제는 해설을 보지 않고 다시 풀어보도록 하자. 이때 최소 2번 이상 스스로 풀이 과정을 정리해보아야 하며, 자신이 처음에 적용한 풀이 과정을 참고하지 않고 푸는 방법과 참고해서 푸는 방법을 모두 적절히 활용하는 것이 좋다. 그리고 평소 학습 시 문제를 풀면서 해설을 보지 않고 풀이 과정 중간에 필요한 개념을 간략히 쓰면서 정리하도록 하자. 또한 이와 더불어 개념을 변형해 활용해야 하는 문제의 경우에는 왜 그렇게 해야 하는지에 대한 근거를 명확히 설명할 수 있는 수준으로 정리하도록 하자.

과정전개력 나이 처방 2 　구체적 학습법과 교재 선정법

과정전개력이 부족한 학생들은 대개 두 가지 유형의 행태를 보인다. 첫째, 문제를 풀 때 대충 답만 내려고 한다. 둘째, 특정 개념을 활용하는 과정에서 자주 틀린다. 각 양상에 따라 어떻게 대처하는 것이 좋을까?

❶ 나만의 해설지를 만들어라

위에서 말한 첫 번째 유형의 경우 가장 먼저 해야 할 일은 '나만의 해설지'를 만드는 것이다. 문제를 읽고 어떻게 풀어야 할지 감을 잡았다면, 이제는 그 과정을 수학적 용어와 기호로 정확하게 서술해 나가야 할 차례다. 정답 맞히기에만 급급하지 말고 풀이 과정에 신경을 쓰라는 얘기다. 자신이 해당 문제에 대한 해설지를 만든다는 느낌으로 노트에 정리해 나가다 보면 과정전개력 향상은 물론 서술형 문제 기술 연습에도 많은 도움이 된다. 특히 문제의 핵심을 파악해 정리하고, 문제 해결에 필요한 개념들을 수식 및 그래프 등으로 전개해 나감으로써 다른 누가 봐도 풀이 과정을 이해할 수 있게 하는 것이 '나만의 해설지' 작성 포인트다.

❷ 오답 노트를 만들어라

특정 개념에서 자주 틀린다면 반드시 오답 노트를 만들어라. 오답을 점검하다 보면 풀이 과정 중 어떤 단계에서 오답이 자주 발생하는지를 알 수 있다. 이렇게 자주 틀리는 부분이 있을 경우에는 관련 단원에 나오는 개념을 꼭 복습한다. 개념을 정확하게 알고 있지 못한 까닭에 특정 풀이 과정에서 자꾸만 오류가 생기고 있을 가능성이 높기 때문이다. 이런 학생들은 개념을 복습하고 같은 유형의 문제를 반복 풀이하면서 과정전개와 개념을 모두 학습해야 효과가 있을 것이다.

❸ 해설이 풍부한 교재를 선택하라

과정전개력을 향상시키고자 하는 학생들에게 알맞은 교재는 무엇보다 해설이 풍부한 것이다. 교재를 고를 때 우선 모든 문제에 대한 해설이 풍부하게 제공되어 있는지, 그리고 해설 내용이 쉽게 설명되어 있는지를 확인해야 한다. 또한 수학 문제는 '한 가지' 방법으로만 풀 수 있는 것이 아니므로 '참고' 혹은 'Tip' 형식으로 여러 가지 풀이 과정을 소개하는 교재를 추천한다. 최근에는 자기주도학습의 중요성이 강조되면서 수학 교재들이 대부분 해설지가 더 두꺼울 정도로 견고하게 구성되는 추세다. 따라서 시중에서 교재를 선정하는 데 큰 어려움은 없을 것이다.

3. 연산력, 수학의 엄밀성과 정확성을 높이는 능력

연산력 나이 진단

연산력은 과정전개력과 매우 밀접한 연관성을 지닌다. 연산력은 정확히 계산할 수 있는 능력을 말한다. 과정전개력이 높다 하더라도 연산력이 낮으면 우리가 흔히 말하는 각종 '사소한 실수들'의 빈도가 많아진다. 연산력에 문제가 있는 학생들은 시험 때 사소한 계산 실수나 부호 실수 때문에 점수를 깎이는 경험을 자주 한다.

간혹 학생들을 상담하다가 틀린 문제에 대해 코칭하다 보면 이렇게 반응하는 학생이 있다. "아하! 선생님 알겠어요! 이거 더해야 하는데, 빼기를 했네요." "앗! 여기 제가 등호를 써야 했는데 빼기 부호로 잘못 써서 계산이 잘못되었어요." 이런 학생들은 대부분 개념에 대한 이해도 되어 있고 과정전개도 훌륭하지만, 정작 중요한 문제를 풀어내는 과정에서는 좀 더 주의를 기울이지 못하는 바람에 좋은 결과를 얻지 못한다. 다른 능력도 물론 중요하지만 연산력은 점수와 직결되는 가장 중요한 능력이다. 발상과 과정전개를 아무리 올바르게 했다 하더라도 연산을 정확히 해내지 못하면 정답을 도출해낼 수가 없기 때문이다. 그렇다면 연산력 나이는 어떻게 진단할 수 있을까? 연산력이 부족하면 대개 아래와 같은 특징을 보인다.

첫째, 과정전개에서 계산 실수가 잦다. 물론 이것은 과정전개력과도 관련이 있겠지만, 다시 검산할 때 더하기 부호를 보고도 빼기를 하거나 곱하기를 하는 등의 실수를 자주 한다면 연산력 부족이라고 볼 수 있다.

단순히 '실수'라고 치부하기에는 너무 빈도가 잦다면 문제의 심각성을 깨달아야 할 필요가 있다.

둘째, 연산 과정을 암산으로 처리하는 경우가 잦다. 연산 실수를 자주 하는 학생일수록 본인이 판단할 때 간단하다고 생각하는 연산은 자꾸 암산으로 처리한다. 이 경우 대개 실수가 발생하게 되고, 특히 연산 과정을 손으로 정리하지 않았기에 실수를 발견하기가 어려워져 대부분 점수 하락으로 직결된다.

셋째, 결정적 순간의 정답 도출 능력이 떨어진다. 발상, 과정전개, 연산까지 모두 완벽했음에도 마지막 순간 정답을 쓸 때 숫자를 헷갈리거나 부호를 잘못 보는 실수를 저지르는 것이다. '사소한 차이'가 명품을 만든다는 말이 있듯이 '사소한 연산 실수'가 점수의 결정적인 차이를 만든다.

연산력이 부족한 학생들은 위의 3가지 특징을 바탕으로 대개 아래와 같은 유형의 문제에서 실수를 저지른다.

- 다음 방정식의 두 근의 합을 구하여라.

- 다음 빈칸에 들어갈 두 숫자 중 큰 수에서 작은 수를 뺀 값은 얼마인가?

- 다음 문제의 풀이 결과로 옳은 것을 고르시오.

평소 학교 시험에서나 문제집에서 이런 문제를 풀 때 연산 실수를 자주 했다면 자신의 연산력을 의심해보고 다음에 나올 처방에 따라 공부법을 개선하도록 하라.

앞서 진단 파트에서도 언급했듯이 연산력 부족 현상은 대개 덧셈, 뺄셈 등 단순 사칙연산에서 발생한다. 문제는 검산 과정에서조차 자신의 풀이 과정에 '심취해' 연산이 잘못된 부분을 보지 못하는 '장님' 상태에 이른다는 데 있다. 심각한 상황인 것이다. 그렇다면 연산력이 부족한 학생들에게 적합한 학습법은 무엇일까?

> **Grade 3**
> '풀 때마다 답이 달라요!'

하위권 중에는 과정전개력이 낮아 단순 연산 실수로 치부하기 어려운 학생들이 많다. 이들에게는 과정전개력과 연산력을 향상시키는 학습법을 동시에 적용해야 한다. 따라서 앞서 설명했던 과정전개력 향상 학습법 중 '해설' 옮겨 적기를 함께 진행하는 것이 필수다. 과정전개력과 다른 점은 해설을 통해 사고의 흐름을 정리해보는 데 주된 목적이 있는 것이 아니라 해설 중간에 생략된 연산을 찾아내 다시 정리함으로써 연산 실수를 바로잡는 데 초점을 맞춘다는 것이다. 따라서 아무리 쉬운 문제라 할지라도 '등호'가 성립하기 위해 필요한 연산을 모두 찾아내 정리해보도록 하자. 특히 암산을 통해 문제 풀이를 하는 경우가 많다면 이 방법을 통해 사칙연산 실수를 줄이는 연습을 꼭 해야 한다.

> **Grade 2**
> '분명 검산까지 했는데… 왜 이러지?'

중하위권 중 단순 계산 실수가 많은 학생들은 평소 문제를 두 번씩 푸는 훈련이 필요하다. 왜 같은 문제를 두 번씩 풀어보아야 할까? 우선 계산 실수가 있었는지를 점검하기 위해서고, 그다음은 자신의 풀이 과정을 다시 확인하기 위해서다. 물론 모든 문제를 두 번씩 풀 수는 없다. 자기 스스로도 풀면서 중간에 고개를 갸우뚱한 문제나 고난이도 문제를 검토할 때 이 방법을 적용하면 효과적이다. 하지만 방금 푼 문제를 바로 다시 풀어보는 것은 연산력 향상에 도움이 되지 않는다. 따라서 당일에 정해진 분량을 풀면서 재검토할 문제를 체크한 뒤, 채점하기 전에 해당 문제들 중심으로 다시 풀어보는 것이 가장 효과적이다.

Grade 1

'이건 내 인생 최고의 실수야. 덧셈을 뺄셈으로 계산하다니!'

중상위권 학생 중에는 문제를 잘 풀었다고 생각했는데 나중에 보니 수식을 잘못 옮겨 적어서 틀리는 경우, 문제가 요구하는 연산과정을 잘못 읽어 실수하는 경우가 있다. 연산력 자체의 문제가 아닌 단순 실수로 여길 수도 있지만, 결정적인 순간에 하는 이런 실수가 최상위권으로 가는 길을 가로막기도 한다. 따라서 문제를 옮겨 적어서 풀 때에는 수식을 제대로 옮겨 적었는지 확인해야 하며, 문제에서 요구하는 연산과정을 제대로 파악했는지 점검하는 차원에서 해당 조건에 동그라미를 침으로써 실수를 방지해야 한다.

또한 복잡한 연산이 이어지는 문제를 푸는 과정에서 실수가 발생하는 경우가 종종 있다. 이런 실수를 방지하기 위해 평소 연산이 복잡한 문제만을 모아서 수식을 정리하는 연습을 해보도록 하자. 여기서 복잡한 문제라는 것은 연산이 복잡한 것이지 문제 자체가 어렵다는 것을 의미하는 게 아니다. 복잡한 식의 계산 실수를 줄이는 것이 최상위권으로 도약하기 위한 방법임을 잊지 말자.

연산력이 취약한 학생들은 보통 자신의 연산력에 문제가 있다는 것을 잘 모른다. 그저 단순한 실수가 반복되는 것뿐이라고 생각한다. 하지만 '실수=실력' 이란 말이 있다. 계산 실수가 잦은 학생들은 연산력을 향상시켜 실력을 키워야 할 필요가 있다. 그러면 평소 수학 문제를 풀 때 어떻게 해야 연산력을 향상시킬 수 있을까?

❶ 제한시간 내에 많은 문제를 정확히 풀어라

문제 풀이를 할 때 '짧은 시간' 에 많은 문제를 정확히 푸는 연습을 해보자. 평소에는 수학 문제를 '정확히' 풀기만 하면 된다. 하지만 시험에 직면하면 '제한 시간' 내에 문제를 정확히 풀어야 한다. 그러므로 평소 학습 단계에서도 제한 시간을 두고 문제를 정확히 푸는 연습을 해두는 게 연산력 향상에 도움이 된다. 시험 2주 전부터는 시험에 자주 출제되는 문제 유형, 또는 그동안 공부하면서 발생했던 오답 문제만 모아 실제 시험 시간보다 짧게 설정하고 자체 모의고사를 실행해보자.

❷ 문제는 끝까지 풀어야 실력으로 남는다

연산력이 취약한 학생들의 또 다른 특징 중 하나는 평소 공부할 때 문제 내용이나 풀이 과정이 이해되면 끝까지 답을 내지 않고 다음으로 넘어가는 습관이 있다는 점이다. 문제를 눈으로 공부하는 것과 직접 풀어서 해결하는 것은 매우 다르다. 간단한 문제라도 직접 풀어보고, 답을 구해보아야 한다. 문제를 모두 푼 후에는 우선 답만 먼저 맞춰보자. 해설은 가장 마지막에 참고한다. 정답과 오답만 구분한 후, 오답인 문제들은 어떤 과정에서 틀렸는지 검산을 해보자. 검산 과정에서도 원인을 찾아내지 못했을 때 비로소 해설을 참고해 풀이 과정을 확인해 보는 것이다. 검산 과정에서도 틀린 원인을 발견하지 못했다면 그것은 계산 과정보다는 문제 풀이 과정에서 오류가 있었을 가능성이 크기 때문이다.

❸ 연산력, 고등학교 진학 전에 잡아라

연산력은 초중등학교 때 잡는 것이 좋다. 고등학교에 올라가서 고난이도 수학을 하는 시기가 되면 따로 연산력 향상을 위해 시간을 할애하기가 쉽지 않다. 초등학교, 중학교 학생들을 대상으로 한 연산력 향상 교재들은 시중에 많이 나와 있다. 학습지처럼 매일 꾸준하게 훈련할 수 있는 교재도 있고, 연산력과 관련된 중요 단원만 모아놓은 교재들도 있다. 중학생이라면 앞에서 제시한 방법으로 공부하되 '수 체계'와 '문자와 식'을 계통학습할 수 있는 교재를 추천한다. '수 체계'를 알아야 사칙연산을 할 수 있고, '문자와 식'의 계산 방법을 알아야 이후에 나오는 단원들의 답을 구할 수 있기 때문이다.

4. 응용력, 수능 고득점을 위한 궁극의 능력

응용력 나이 진단

글로 된 서술형 수학 문제만 보면 숨이 턱 막혔던 경험, 문제 풀이에 필요한 개념들이 무엇인지는 알겠는데 어떻게 적용해서 풀어야 할지 막막했던 경험이 있다면 응용력이 부족한 것이다. 응용력은 발상력, 과정전개력, 연산력이 어느 정도 수준에 오른 상태에서 향상될 수 있는 능력이다. 응용력이 필요한 문제는 실생활과 접목된 형식, 교과서에서는 전혀 보지 못한 생소한 형식 등으로 출제돼 사고력과 논리력을 요구하는 경우가 대부분이다.

평소 수학에 대한 자신감이 떨어져 있는 학생일수록 응용문제를 접했을 때 더욱 약한 모습을 보인다. 그다지 어렵지 않은 문제인데도 지레 겁을 먹고 포기하는 경우도 있고, 간혹 큰맘 먹고 도전했다가도 중간에 논리 과정이 막히면 끈질기게 달라붙기보다 금세 포기하는 경향이 있다. 자신은 '수학을 잘 못한다'는 자신감 부족에서 비롯되는 현상이다. 하지만 발상, 과정전개, 연산에는 별다른 문제가 없는 학생도 응용문제에서만큼은 약한 모습을 보이는 경우도 있으니 근본적으로 수학을 못해서 생기는 일은 아니다.

최근 수능 유형 시험에서 실생활 적용 문제 출제 비중이 점차 높아지면서 응용력이 중요한 수학 능력으로 대두되고 있다. 특히 내신에서도 서술형 평가의 비중이 높아지면서 응용력이 더욱 중요해지게 되었다. 더이상 단순히 '난 내신에만 신경 쓸 거야' 하는 식으로 비켜 갈 수 없게 된 것이다.

응용력은 사실상 학생의 수학적 논리·사고력을 향상시켜준다. 다시 말해 수학에서 문제 해결 능력을 한 단계 업그레이드시켜주는 것이다. 개념을 정확히 이해하고 이를 적용한 문제를 능숙하게 풀어낸다고 해도, 실생활 접목 문제를 풀지 못한다면 수학 능력 향상에 한계가 있을 수밖에 없다. 따라서 응용력을 키워야 '진짜 수학 실력'을 높일 수 있다. 그렇다면 응용력 나이는 어떻게 진단할 수 있을까? 응용력이 부족한 학생들은 대개 다음과 같은 현상을 보이니 자신에게 적용해 점검해보자.

첫째, 우선 문장형 문제 해결에 어려움을 겪는다. 이는 발상력 부족인 학생에게서도 나타나는 현상이라 구분이 필요하다. 발상력이 부족한 경우 문장형 문제에 어떤 개념을 적용해야 할지 어려워한다. 이에 비해 응용력이 부족한 경우에는 문제가 어떤 이야기를 하고 있는지 잘 이해하지 못한다.

둘째, 문제에 해당되는 개념이 무엇인지는 알겠는데, 정작 어떻게 풀어야 할지를 어려워한다. 응용문제는 단순히 공식을 대입해서 과정을 전개하고 연산을 하는 수준으로 출제되지 않는다. 다시 말해 해당 공식이나 개념을 어떤 식으로 바꾸어서 적용해야 풀 수 있는지를 묻는다.

셋째, 응용력이 부족한 학생들은 대체로 다음과 같은 유형의 문제 해결에 어려움을 겪는다.

• 속도, 시간, 거리에 대한 응용문제

• 조건을 만족하는 자연수, 소수, 유리수를 찾는 문제

• 조건을 만족하는 또는 만족하지 않는 상수 a를 도출하는 문제

응용력 나이 처방 1   그림을 통해 정리해보라

각 단원별 종합평가 문제 중 가장 마지막에 나오는 응용문제는 주로 문장으로 구성되어 있으며 난이도가 높다. 난이도를 표시해두는 경우 별표 3개 이상으로, 보는 학생으로 하여금 지레 겁부터 먹게 만든다. 그런 까닭에 '난 원래 어려운 문제는 못 풀어!' 라고 단정 지으며 아예 포기해버리는 경우도 많다. 하지만 응용력 부족은 단순히 고난이도 문제에서만 나타나는 것이 아니다. 공부했던 개념이나 공식을 변형해 적용해야 하는 경우에도 나타날 수 있다. 분명 알고 있는 내용 혹은 알 것 같은 내용인데 손도 못 대는 경우 말이다. 그렇다면 응용력 부족 현상은 어떻게 나타날까? 3단계로 구분해보자.

> **Grade 3**
> '문제가 뭘 말하는 거지? 무슨 말인지 하나도 모르겠다.'

높은 응용력을 요구하는 문제들은 주로 서술형 문장으로 구성되어 있다. 그런데 이런 문제를 보고 도무지 무슨 말인지 모르겠다면 우선 자신의 국어 실력을 의심해봐야 한다. 국어 독해력이 부족한 학생일수록 응용력이 낮은 경우가 많다. 또한 이 수준의 학생들은 어떤 단어와 용어들이 문장에서 쓰이고 있는지, 해당 단어가 자신이 배운 개념들 중 어떤 부분에 해당되는지조차 '매칭' 하기 어려워한다. 따라서 문제에 나오는 단어와 용어를 따로 정리해 해당 내용이 자신이 배운 단원 중 어디에 해당

되는지 연결 짓는 연습을 먼저 해야 한다. 문제 자체가 이해되지 않으면 더 이상 다음 과정으로 나갈 수 없기 때문이다.

Grade 2

'이게 어떤 개념을 적용해야 하는 문제인지는 알겠는데, 도대체 언제 어떻게 적용하라는 거야?'

응용문제 해결에 어려움을 느끼는 학생이라면 한번쯤 이런 경험을 해봤을 것이다. 중간까지는 어떻게 풀어냈는데 그다음부터 어떻게 해야 할지 몰라 쩔쩔맸던 경험. 이런 학생은 해당 문제가 어떤 개념을 적용해 풀어야 하는 건지는 알겠는데, 결국 중간에서 막혀 포기해버리게 된다. 학생 입장에서는 답답한 노릇이다. 그런데 중간에서 막히는 까닭은 이런 문제가 단순히 알고 있는 공식을 그대로 적용해서 풀게 되어 있지 않기 때문이다. 문제에서 요구하는 조건에 맞추어서 풀어야 하는 것이다. 예를 들어 아래 문제를 보자.

예제 | 2차 방정식의 두 근이 모두 실수가 되기 위한 조건에 맞는 자연수 a의 범위로 적합한 것은?

여기서 '두 근이 모두 실수가 되기 위한' 이란 조건은 2차 방정식의 판별식에 대입해서 바로 구할 수 있는 값이지만, 이러한 조건에 맞는 '자연수 a의 값' 은 해당 풀이 과정에서 다시 도출해야 한다.

따라서 이런 경우, 문제 속에 숨어 있는 힌트를 잘 파악할 필요가 있다. 문제 속 용어와 자신이 배운 단원의 개념을 연결시켜야 함은 물론, 풀이에 관여하는 핵심 'key'가 문제의 어느 부분에 나타나 있는지도 확인해야 한다. 또한 더 나아가 핵심 'key'가 풀이 과정의 어떤 부분에서 활용되는지도 파악해야 한다. 문제집에 따라서 이 과정을 상세히 기술해 놓은 것도 있고 생략한 것도 있으므로 이를 미리 파악해 교재를 선택해야 한다.

한편 상당히 복잡한 과정을 요구하는 서술형 문제라면 필요할 경우 도표나 그림을 그려서 문제를 파악하는 것도 좋은 방법이다. 만일 이 방법이 어렵다고 여겨지면 해설에 제시되어 있는 그림이라도 다시 한번 옮겨 적으면서 생각을 정리해보는 것이 좋다.

Grade 1

'아! 난 꼭 그림이나 도표가 나오는 문제에서 자꾸 틀려.'

응용문제는 난이도가 높아질수록 수식보다 그림이나 도표가 많아진다. 따라서 과학이나 사회에서처럼 이러한 자료들을 해석하는 능력이 필요하다. 특히 기하 파트 문제의 경우에는 더욱 그 중요성이 커진다. 사실 서술형 문제를 풀 때에 이해도를 가장 빨리 높이는 방법은 '그림'을 통해 정리해보는 것이다. 그런데 문제에서 이미 그림이나 도표를 제공하면 이 과정이 생략되기 때문에 스스로 해당 내용을 정리해볼 기회가 없어진다. 따라서 이런 경우에는 단순히 문제에 나와 있는 그림을 눈으로 보지만 말고 문제 내용을 그림에 접목시켜 하나하나 짚어 가면서 정리해볼 필요가 있다. 특히 도형 문제는 더더욱 이러한 과정이 요구되고, 문제 속에 제시되어 있지 않은 나머지 부분을 추론해서 도형을 완성해본다든지 하는 식으로 그림을 적극 활용하는 것이 중요하다.

응용력 향상이 필요한 학생들은 주로 상위권과 최상위권 사이에 있는 학생들이다. 그렇다고 중하위권에게는 필요 없다는 뜻이 아니니 오해하지 말기를 바란다. 응용문제는 발상, 과정전개, 연산 등 다른 능력을 갖춘 상태에서 풀 수 있는 것이기 때문에 중하위권의 경우 우선 이전 단계의 능력들을 먼저 점검해야 한다는 뜻이다. 아무튼 '한 문제만 더 맞혔으면 내가 1등인데' 혹은 '아깝다! 100점 받을 수 있었는데' 하는 아쉬움을 느껴본 학생이라면 응용력 향상 연습이 필요하다. 이런 학생들은 평소 개념 학습 시간과 문제 풀이 학습 시간의 비중을 잘 조절해야 하고, 다른 학생들보다 교재 선택과 활용이 더 중요하다.

❶ 응용문제의 '유형'을 학습하라

응용문제들에도 (많지는 않지만) 유형이라는 것이 존재한다. 문장제 문제, 실생활 예시 문제 등이 그 대표 유형들이다. 따라서 각 단원별, 영역별로 자주 출제되는 최고 난이도 유형의 문제를 풀어보고, 발상력 향상 연습에서처럼 힌트를 찾아내는 '감'을 익히는 것이 중요하다. 또한 그렇게 찾아낸 조건들을 어떻게 전개해 나가야 하는지 풀이 과정의 흐름을 잘 익혀두어야 한다. 얼핏 보면 서로 관련 없는 것 같은 개념들을 동시에 활용해야 하는 문제가 있기 때문이다. 수학의 각 영역을 넘나드는 듯한 문제들을 접하면서 응용문제에 접근하는 감각을 익히는 것이 중요하다.

② 어려워 보이고 긴 문제일수록 간단하게 풀 수 있다

응용력이 취약한 학생들이 가장 많이 틀리는 유형은 '문제가 긴' 것들이다. 문제가 길다 보니 얼핏 봐서는 어떤 개념을 활용해야 할지 감이 잘 잡히지 않는다. 문제가 길어지면 우선 읽다가 지치고, 그러다 보니 힌트를 찾으려고 노력하기보다 쉽게 포기하는 경우가 많다. 예를 들어 다음과 같은 문제가 있다.

예제 | 지면으로부터 70m 높이에서 초속 am/s로 위로 쏘아 올린 물체의 t초 후의 높이를 hm라고 하면 t와 h 사이에는 $h=70+at-t^2$ 관계가 성립한다고 한다. 이 물체를 쏘아 올린 지 4초 뒤에 최고 높이에 도달했다고 할 때, 이 물체를 쏘아 올린 지 6초 후의 높이를 구하여라.

이 문제의 배경에 있는 과학 이론은 자유낙하운동이다. 그렇다면 이 이론을 배우지 않은 학생은 문제를 풀 수 없는 것일까? 그렇지 않다. 이차함수만 제대로 공부했다면 쉽게 해결할 수 있는 문제다. 이렇게 마치 과학 문제인 양 자세히 설명되어 있는 이유는 문제 해결을 위한 정보를 가능한 한 많이 제공하기 위해서다. 예로 든 위 문제에서는 이차함수 식이 제공됐고, 최고값이 제공됐다. 그리고 각 문자에 대한 물리량만 잘 살펴본다면 두세 줄의 식으로 해결할 수 있는 문제다.

이런 유형의 문제를 많이 풀어보라고 권하지는 않겠다. 응용문제의 경우 이렇게 특정 유형으로 국한되어 출제되지 않고, 출제 시점에 이슈가 되었던 사건이나 새로운 이론들을 활용하는 경우가 더 많기 때문이다. 다만 매일 3문제 정도는 '내 손'으로 끝까지 풀어보는 연습이 필요하다. 중요한 것은 '꾸준함'이다. 어려운 문제를 한번에 '많이' 풀어보는 것보다 매일 꾸준히 노력해 경험을 쌓는 것이 중요하다.

❸ 유형에 따른 교재 추천

위의 ❶항에서처럼 '유형' 학습을 통해 응용력을 향상시키고자 하는 학생들에게는 최고 난이도의 문제은행 교재를 추천한다. 그러나 여기서 주의할 점은 같은 최고 난이도 문제라도 문제 분량보다 해설이 풍부하게 제공되어 있는 교재를 선택해야 한다는 것이다. 또한 교재가 너무 두꺼우면 지쳐서 중간에 포기하게 될 수도 있으니 가급적 문항 수가 적은 문제집을 선택하도록 하자.

❷항의 경우처럼 긴 문장으로 된 문제에 어려움을 느낀다면 수학능력 인증시험 기출문제집을 추천한다. 수학능력 인증시험은 해당 학년에서 배운 내용을 시사 상식과 결합한 문제가 많이 출제되기 때문이다. 선행 개념이 아니라 배운 내용을 활용해 충분히 문제를 해결할 수 있는 수준으로 출제된다. 독특한 유형의 문제에 유난히 취약한 학생이라면 자신의 학년에 맞는 수학능력 인증시험 문제를 풀어볼 것을 권한다.

수학 나이 향상 실전 사례

04

1 개념 이해가 어려워 수학을 포기하려 한 중1 학생 

K학생은 소위 '수포자'였다. 중학교 3학년 1학기가 시작되었을 때 만났는데, 어떤 질문을 해도 해맑게 "전 몰라요"로 통일해 답했다. 학교생활기록부를 살펴봤더니 수학 점수가 대부분 20~40점이었다. 대화를 나눠보니 또랑또랑한 면모가 있는 학생이었는데 왜 수학에서만큼은 낮은 점수를 받는지 의아했다. K학생은 수학의 경우 아무리 공부해도 무슨 말인지 잘 모르겠고, 학년이 올라갈수록 점점 더 어려워져 수학 공부를 놓게 되었다고 말했다. 누가 봐도 진도 나이에 해당하는 '개념' 자체가 부족한 학생이었다. 특정 단원이 부족하다고 말하기도 어려울 만큼 골고루 진도 나이가 형성돼 있지 못했다. 중학교 3학년인 만큼 고등학교 진학 후의 상황도 우려되었기에 우선 교과서와 학교 프린트물 정도는 스스로 해

결할 수 있을 정도로 공부해보자는 목표를 세운 뒤 다음과 같은 플랜을 제시했다.

K학생에게 제시한 학습법은 우선 3학년 1학기 내신을 향상시키기 위한 것이었다. 먼저 추천한 교재는 '개념＋유형 수학' 개념 편과 유형 편(라)였다. 개념 편 교재를 혼자 학습하기 어려워해 이 교재로 개념 위주의 수업을 진행하는 선생님의 인터넷 강의를 듣고 교재에서 모르는 개념어를 미리 공부하도록 했다. 그런 다음 개념 편 교재만 다시 공부하도록 지도했고, 교재 안에 있는 확인 문제와 예제는 반복해서 풀며 개념을 다지도록 했다.

또한 전 학년에서 배운 내용이 등장할 때는 "이건 2학년 1학기 때 배웠던 ～단원을 찾아보면 알 수 있을 거야"라고 안내함으로써 K학생이 스스로 체계를 이해하며 공부할 수 있도록 했다. 개념 편 1회독을 끝내고 유형 편을 통해 오답을 분석하며 틀린 문제와 연관된 개념들은 간단하게 복습하도록 했다. 또한 교과서와 학교 프린트를 복사해둔 뒤 같은 문제를 여러 번 풀어보며 한 학기를 보냈다. 이때 K학생의 수학 점수는 60점대로 껑충 뛰어올랐다. 그리고 여름방학 동안에는 예비고1을 위해 중학교 과정을 계통별로 구성해 제공하는 인터넷 강좌를 들으며 중요한 개념들을 총정리하도록 했다. 이렇게 직간접적으로 복습을 반복하는 커리큘럼으로 그동안 놓친 학습 과정을 비교적 빠르게 정리할 수 있었다. 그리고 3학년 2학기 중간고사에서는 스스로 '마의 벽'이라고 부르던 70점대를 넘기는 쾌거를 달성했다.

　Y학생을 만난 것은 중학교 2학년 여름방학이 막 끝난 시점이었다. Y학생은 비교적 상위권 성적을 유지하고 있었지만, 수학만큼은 그렇지 못했다. 학교생활기록부를 통해 성적을 확인한 결과 등락폭이 매우 심했다. 매 시험마다 달라지는 난이도를 감안한다 해도 그 차이가 너무 컸다. 최소 52점부터 최고 90점까지 약 40점을 오르내리고 있었다. Y학생도 그런 상황을 극복하고 싶어서 찾아왔다며 결국에는 울음을 터뜨렸다.

　진단 문제를 풀어가는 모습을 지켜보니 Y학생에게 발상력이 부족하다는 것을 알 수 있었다. 그 때문에 문제를 끝까지 해결하지 못하는 경우가 많았다. 옆에서 "이 문제에서 구해야 하는 것이 뭘까?" "이 문제는 어떤 단원에서 나온 문제일까?" "어떤 공식을 이용하면 될까?" 하는 식으로 힌트를 제공해주면 "아!" 하며 스스로 해결할 수 있었다. 그리고 또 하나의 특징은 모든 문제를 수식으로 해결하려 한다는 것이었다. 그림이나 그래프, 이항을 통한 공식 변형 등 다양한 방법을 이용하면 더 쉽고 간단하게 해결할 수 있는 문제들도 수식으로 복잡하게 전개하려고 하니 제한된 시간 내에 문제를 해결하기가 어려웠던 것이다. 그래서 Y학생에게는 다음과 같은 학습 플랜을 제시했다.

　Y학생은 개념 학습이나 간단한 연산 과정은 스스로 할 수 있는 학생이었다. 그러므로 개념 학습에는 크게 관여하지 않았다. 단지 새로운 개념을 익히는 데 걸리는 시간을 줄이고 문제 풀이를 위한 학습 시간을 늘리기 위해 인터넷 강의를 추천해주었다. Y학생은 개념 학습 과정을 최대한

스스로 해결하고 싶어 했고 '완자' 교재를 선호했다. 그래서 완자로 강의하는 선생님의 인터넷 강의를 듣게 했다. 그리고 '내공의 힘'을 보조 교재로 선택해 완자 교재만으로는 부족한 문제 양을 보완하게 했다.

무엇보다 신경을 쓰면서 공부하게 한 것은 '발상력 향상 과정'이었다. 이를 위해 '쎈 수학' 교재를 선정했다. 쎈 수학은 문제은행식 교재 중 가장 대표적인 것인데, 최대 장점은 각 단원에서 출제할 수 있는 모든 문제 유형이 담겨 있다는 것이다. Y학생의 경우 해당 교재에서 B step만 공략하게 했다. 우선 문제를 풀면서 대표 유형을 익히게 한 뒤 끊어 읽기를 통한 힌트 찾기 훈련을 이어 갔다. 그다음에는 같은 유형의 문제들을 동일한 방식으로 파악하게 했고, 이를 노트에 정리하며 스스로 확인해보도록 지도했다. 이렇게 하면 한 문제를 읽고 분석하는 데도 많은 시간이 걸리다 보니 처음에는 힘들어했다. 게다가 가능한 한 많은 문제 유형을 풀어보게끔 했기에 더욱 힘들어했다. 그럴 때마다 Y학생에게는 많은 문제를 접하는 것이 중요하다는 점을 강조했다. 2학년 2학기 중간고사 때는 큰 성적 향상이 없었지만, 기말고사 때는 서술형에서 5~6점 감점이 있긴 했어도 모든 문제를 시간 내에 풀 수 있었다. 이후에도 Y학생은 꾸준히 동일한 방법으로 노력했고, 점차 문제 해결 속도도 빨라졌다. 그리하여 중학교 3학년 기말고사까지 90점대를 유지하고 졸업했다.

　W학생은 중학교 1학년 1학기 기말고사가 막 끝난 시점에 만났다. W학생의 특징은 이해력이 굉장히 좋다는 것이었다. 한두 번 교재를 보며 읽는 것만으로도 웬만한 개념은 이해할 수 있었고, 일반 교재에 실린 단원마무리 문제 정도는 스스로 해결할 수 있었다. 그러나 학생이 가져온 성적표에 나타난 수학 성적은 60점대였다. 학생이 평소 알고 있는 것에 비해 점수가 턱없이 적게 나오는 까닭은 수행평가와 서술형 문제에서의 감점 때문이었다.

　평소 W학생의 학습태도를 보면 귀찮은 것은 대충 넘기는 스타일이었다. 그러다 보니 수학 개념은 대부분 눈으로만 보며 공부하고 있었고, 공식 암기에 가장 많은 시간을 할애했다. 또한 연산은 대개 암산으로 해결하는 버릇이 있어, 객관식이나 간단한 연산 문제의 정답률은 높지만 문장제 문제, 서술형 문제, 수식이 복잡한 문제에서는 정답률이 낮았다. W학생이 가져온 학교 시험지를 봐도 여백에 낙서처럼 찔끔 찔끔 과정의 일부만 적혀 있어서 도대체 어떤 과정으로 문제를 풀었는지 알 수 없었다. 그래서 W학생에게는 여름방학 동안 과정전개력 향상에 집중할 수 있는 플랜을 제공했다.

　우선 2학기 예습을 위해 인터넷 강의를 추천했고, 선생님의 수업 내용을 노트에 필기하라고 강조했다. 그리고 매일 1강씩 꾸준히 시청한 후 작성한 노트를 점검해주었다. 노트 필기 분량을 많이 주지 않았고, 소단원 하나 기준으로 반 페이지에서 한 페이지 정도만 하도록 했더니 늘 귀찮아하던 W학생도 '이 정도는 할 수 있다'는 태도로 자신감을 보였다.

한편 풀이 과정을 꼼꼼하게 기술하는 습관을 들이기 위해 워크북 형태의 수학 교재를 선정했다. '기적의 중학 연산'과 '개념+유형 수학'의 유형 편(라) 교재를 선정한 뒤 평소 노트 필기를 안 하는 대신 교재에 있는 모든 풀이 과정을 적어보라고 했다. 이 교재들의 특징은 주요 풀이 과정을 꼭 기술하도록 구성되어 있다는 것이다. 따라서 과정전개력이 필요한 W학생에게는 맞춤형 교재였다. 마지막으로 '일품' 교재로 하루에 3~5문제 정도 풀어보게끔 했다. 앞에서 선정한 교재들은 비교적 난이도가 낮은 교재들이라 이해력이 좋은 W학생에게는 다소 쉽게 느껴질 수 있는 것들이었다. 이 점을 보완하기 위해 난이도가 조금 높은 교재를 추가 선정해 풀어보게 했고, 이때는 해설지에 주석을 달아가며 오답 정리를 하도록 했다. 중학교 1학년 학생에게는 다소 복잡한 학습 방법이었을 수도 있다. 그러나 집중할 수 있는 시간이 짧고, 복잡한 걸 귀찮아하는 W학생에게는 다양한 교재로 매일 적은 분량을 제시하는 것이 효과가 있었다.

이렇게 여름방학을 보낸 후 W학생의 중간고사 성적은 10점 향상되었다. 80점을 넘기지 못해 무척 아쉬운 표정이었다. 그래서 기말고사를 준비할 때는 서술형 대비 인터넷 강의를 2주간 짧게 시청하게 함으로써 서술형 답 기술 요령을 익히도록 했다. 그 결과 기말고사에서는 83점을 받았고, 중학교 2학년을 마칠 때까지 수행평가 등 각종 시험에서 80점 이상을 꾸준히 유지했다.

J학생의 수학 평균 성적은 60점대였다. 이 학생은 평소 개념 학습을 할 때는 큰 어려움을 느끼지 않았다. 그런데 막상 시험을 보면 점수가 잘 나오지 않아 고민하고 있었다. 진단을 하며 옆에서 문제 풀이 과정을 지켜보니 그 이유를 알 수 있었다. 문제에 대한 이해와 분석이 모두 좋았지만, 풀이 과정에서 곱셈 공식과 인수분해 공식 등을 활용할 때 유난히 쩔쩔매고 있었다. 공식을 모르는 것은 아닌데 연산 과정이 조금 복잡해지면 헤매는 것이었다. 그래서 J학생에게는 다음과 같은 플랜을 제공했다.

여름방학 동안 3학년 2학기에 다룰 주요 개념들을 예습하되, 취약한 연산력에 대한 트레이닝을 반복하는 데 목표를 두었다. 그래서 진도 학습 과정으로는 3학년 2학기 '개념+유형 수학' 개념 편을 먼저 공부하고, 실력 보충 과정으로 문자와 식 계통학습을 진행했다. 단항식 계산은 수월하게 해낼 수 있었으므로, 2학년 단원 중 곱셈공식, 3학년 단원 중 인수분해와 이차방정식을 집중적으로 공부했다. 특히 해당 단원에서 단순하게 공식을 활용하는 문제들은 '15분 동안 10문제 풀기' 식으로 무리이다 싶을 정도의 제한 시간을 둔 채 빠르고 정확한 연산을 해보도록 했다.

이런 방식으로 2개월 정도 훈련하자 학생 스스로도 연산력이 향상되었음을 느낄 만큼 정답률이 높아져 있었다. 특히 3학년 2학기 과정에서는 인수분해 및 이차방정식을 능숙하게 해결할 수 있다는 가정하에 출제되는 도형 문제들이 많은데, 연산력이 향상된 J학생은 이 문제들에서 유감없이 실력 발휘를 할 수 있었다.

이때부터 J학생은 개념 편 공부를 마무리하고 '우공비Q' 발전 편과 '개념+유형' 파워 편을 통해 내신 대비를 시작했다. '개념+유형' 파워 편으로 내신에서 나올 수 있는 기초 문제들을 익히고 개념 학습을 다시 점검했으며, 또한 '우공비Q' 발전 편으로 복잡한 유형의 문제들을 다루고 오답 문제들은 시험 직전에 다시 풀어보도록 했다. 이렇게 부단한 노력의 결과 J학생은 3학년 2학기 중간고사에서 82점을 받았다. 80점만 넘기면 좋겠다던 바람이 이루어진 것이다. 2학기 기말고사를 대비하면서는 정확한 답을 요구하는 객관식 문제 위주로 실제 시험 시간보다 약 10분 정도 짧게 시간을 설정하고 실전 연습을 반복했다. 그 결과 3학년 2학기 기말고사에서는 90점을 받는 성과를 올릴 수 있었다.

5 개념이해가 취약했던 고2 L학생

L학생은 고2 1학기가 끝난 후 여름방학 때 '이제부터 마음을 잡고 공부를 하겠다'며 찾아왔다. L학생은 자연계열 학생이었고 수학과 과학에 흥미를 갖고 있었지만 실제 진도 나이는 중3 후반 수준이었다. 자연계열 학생이다 보니 수학 실력 부족이 상당히 큰 고민거리였다. 또한 고등학생인지라 평소 학습 전략과 더불어 입시 전략까지 수립해야 했다.

L학생은 자신이 최종 목표로 생각하는 학교와 학과가 확실했다. 입시 결과에 따라 학교는 바꾸더라도 학과는 바꾸지 않을 생각이라는 점 역시 확실했다. 당시 학생의 성적으로는 무리였지만 남은 시간 동안 열심히

공부한다면 가능성은 있었다. 수시 및 정시 지원을 고려해 내신 관리를 잘하여 감점을 최소화하고, 모의고사 중 수학과 과학탐구에서 최저 학력 기준을 맞추는 것을 목표로 수학을 공부하기 시작했다.

고등 수학이라 할지라도 고2까지는 개념 학습에 충실해야 모의고사 학습이 가능하다. 그러므로 고2 동안은 개념 학습에 치중하고 고3부터는 문제 풀이 학습량을 늘리기로 했다. 자연계열 수학에서는 공부해야 할 내용이 많고 단원 간 연계 개념도 많으므로, 여름방학 동안에는 개념 학습과 모의고사 문제 학습 비율을 70 대 30 정도로 잡고 공부하게 했다. 개념 학습 비율을 높여야 함을 강조했더니, L학생은 그동안 책상에서 장식품처럼 잠자고 있던 '수학의 정석' 시리즈를 모두 가져왔다. 그러나 정석으로 공부하기에는 시간이 너무 부족하여 심화 과목은 '개념 원리 수학', 고1 수학은 교과서를 주 교재 삼아 공부하게 했다. 수능에 직접 반영되는 수학 심화 과목은 확실한 개념 학습이 먼저 이루어져야 한다. 다시 말해 고2 수학을 이해하기 위해서는 중3과 고1 수학의 기본 개념들을 알고 있어야 하기에, 고1 과정은 교과서로 주요 개념과 용어 등을 빠르게 공부하도록 한 것이다. 수학 심화 과목은 '개념 원리 수학'을 기본 교재 삼아 공부하고, 내용 설명이나 해설이 부족한 부분은 '수학의 정석'에서 찾아 '개념 원리' 교재에 옮겨 적게 함으로써 중요 내용을 '단권화' 하도록 지도했다. 또한 빠른 개념 학습을 위해 개념 원리 이해, 필수문제, 확인문제, STEP 1까지만 공부하도록 안내했다. 여름방학이 끝날 무렵에는 교과서의 단원마무리 문제를 풀게 했다. 각 단원별로 20문제 정도를 풀었는데 단원에 따라 약간 차이는 있었지만 60~80%의 정답률을 보였다.

한편 문제 풀이는 이미 개념 학습이 끝난 범위에 한하여 공부하도록 했다. 모의고사 기출문제집을 바로 풀기보다는 수능에서 자주 나오는 핵심 개념 위주로 구성된 교재를 골라 공부하게 했다. '수능 카운트다운' 시리즈는 짧은 기간 동안 핵심을 맛보이는 데 매우 효과적인 교재였다. 수학의 기반을 꼼꼼히 다져 나간 L학생은 2학기 중간고사에서 전교 석차가 약 40등 가량 향상되었다. 자연계열 학생 수가 200명도 채 안 되는 학교였다는 점을 감안하면 굉장한 발전이었다. 성적도 성적이거니와 학생이 개념을 이해하며 익히고 있음을 보여주는 결과였기에 더욱 의미가 있었다. 내신에서 거둔 성과로 수학 공부에 대한 자신감이 붙었기에 개념 학습 비중을 조금 낮추고 수능 및 모의고사 대비 비율을 높여 50 대 50 정도로 진행했다. 모의고사 유형 문제 풀이 비중을 높이되 2점에서 3점짜리 문제 유형을 먼저 익혀두기로 했다. 이 문제들은 대개 유형이 정해져 있고, 자주 출제되는 단원이 고정되어 있는 편이므로 정확히 반복 학습하면 빠르게 성과를 거둘 수 있기 때문이었다. L학생도 큰 욕심을 부리기보다는 안정적인 성적 향상을 꾀하면서 차근차근 공부하는 데 목표를 두고 있었다. 2~3점 문제의 정답률을 높이기 위해 '블랙박스 기출 실전 2점, 3점 시리즈'를 공부했고, 그 결과 11월 모의고사에서는 6등급에서 4등급으로 껑충 뛰어올랐다. 겨울방학 때까지 적분과 통계, 기하와 벡터의 개념 원리 학습을 마치고 고3 3월 모의고사 이후부터 EBS 수능 연계 교재들을 공부했다. 개념 학습을 막 마친 학생이므로 응용력 향상을 하기에는 시간이 매우 부족했다. 그래서 응용력이 중요한 4점 문제 유형을 공략하기보다는 '2점과 3점 문제 만점, 자신 있는 단원에서만 4점 문제

공략'이라는 목표를 잡은 뒤 매 모의고사 결과를 분석하고, 다음 학습 계획을 세워 가면서 꾸준히 학습했다. 2~3점 문제는 일정한 유형이 존재하기 때문에 '발상-과정전개-연산' 과정의 흐름을 이해한 뒤 각 단원별·유형별 문제 풀이를 할 때 적용하면 충분히 해결할 수 있다. 위와 같은 학습법을 적용한 결과, L학생은 최종 목표로 삼은 학교 및 학과에 합격하는 데 성공했다.

6 발상력이 취약했던 고1 A학생

A학생은 주어진 공부를 열심히 하는 학생이었다. 종합학원을 주로 다녔는데, 학원에서 시키는 대로만 공부했다고 한다. 중학교 때는 반 석차 3~5등 사이를 오갔고, 수학은 80점대 후반에서 90점대를 받는 상위권 학생이었다. 이렇듯 공부를 잘했던 A학생은 고1 때 처음 받아 든 수학 성적 때문에 무척 충격을 받았다. 수학 공부를 열심히 하지 않는 것은 아니었다. 가장 많은 시간을 수학 공부에 투자했는데 막상 시험 문제를 보면 잘 못 풀겠다는 것이다. 중학교 때는 이렇게 막막하게 느껴진 문제가 한두 개뿐이었는데 고등학교에서는 그 숫자가 대폭 늘어났고 성적도 백분위 점수 50% 수준으로 뚝 떨어졌다고 했다. 진단 결과, A학생은 비교적 개념 학습이 잘 되어 있었고 진도 나이는 현재 학생의 신체 나이와 비슷한 수준이었다. 그러나 문제 풀이 과정을 지켜보니 첫 단계를 어려워했다. 이 문제가 어떤 단원에서 나오는지는 알겠는데, 어떻게 해결해야 할

지를 스스로 찾아내지 못했던 것이다. 특히 다른 단원보다 기하 관련 개념을 공부할 때 이런 현상이 자주 발생했다. 기하는 단원 특성상 다양한 개념, 공식, 성질 등을 복합적으로 활용해야 하기 때문에 우선 기본 개념 학습이 탄탄하게 되어 있어야 하고, 다음 단계로 전 영역에 걸쳐 많은 문제를 풀어보아야 한다. 또한 이런 문제들은 대개 배점이 높은 경우가 많다. 그래서 A학생은 중학교 수준에서부터 기하 관련 단원의 문제를 꾸준히 풀어보게 하고, 고등학생인 만큼 모의고사 문제를 중심으로 발상력 향상에 주력하도록 했다.

A학생은 여름방학 동안 다음 학기 개념 예습과 기하 단원 발상력 향상을 목표로 공부했다. 우선 개념 학습은 지금까지 공부해 온 습관대로 해도 큰 무리가 없었으므로 '개념+유형 고등 수학(하)'로 예습하도록 했다. 특별히 추천해 준 것은 아니고, A학생이 중학교 때부터 익숙했던 교재로 공부하기를 원하길래 그렇게 하도록 한 것이다. 공부하다가 잘 이해가 안 되는 부분은 해당 단원의 인터넷 강의만 골라서 수강하게끔 했다.

취약한 기하 단원의 발상력을 향상시키기 위해 예습보다 복습 위주의 학습 계획을 세웠다. 기하는 중학교 기하 단원을 다시 공부해 개념을 간단히 확인하게 했고, 각 교재의 중단원 마무리 문제, 대단원 마무리 문제 등을 스스로 해결해보게 했다. 중단원과 대단원 마무리 문제 중에는 각 소단원에서 다룬 개념들을 다양하게 활용한 문제가 많다. 또한 어떤 개념을 활용해 출제한 문제인지에 대한 정보를 매우 적게 제시하는 경우가 많다. 그러므로 문제를 읽고 분석해 해결하는 발상력을 향상시키기에 좋다. A학생은 이 과정을 따라가며 기하에서 각 개념의 정의 및 성질이 문제에서 어떻게 적용되는지를 해석하고, 필요한 개념들을 조합하는 '감'을 익혀 나갔다.

9월부터는 10월로 예정되어 있던 중간고사 대비에 집중했다. 진도 학습은 학교 진도를 따라가며 스스로 공부했고, 단원별 문제 유형은 '쎈 수학'을 통해 익혔으며, 문제 해결 포인트를 스스로 생각하는 훈련을 하기 위해서는 다소 어려운 '일품'을 선택해 학습했다. '쎈 수학'의 'B-step' 문제에서는 대표 유형만 풀도록 했고, 나머지 문제들에 대해서는 문제 해결을 어떻게 하려고 했는지 간단하게 알고리즘을 그려보도록 했다. A학생에게는 다양한 문제를 읽고 해석해 관련 개념들을 정리하는 훈련이 필요했기에 모든 문제를 풀지는 않도록 지도한 것이다. 또한 '일품' 교재에서도 모든 문제를 풀지 않고, 하루 5문제씩만 풀도록 했다. '일품' 교재는 문제 난이도가 다소 높은 편이지만 설명이 깔끔하고, 제시 조건과 힌트 등이 문제에 잘 드러나도록 구성되어 있어서 추천해주었다. 이렇게 모든 문제를 풀지는 않는 방식에 대해 A학생은 문제집 낭비 아니냐는 의구심을 나타냈다. 그러나 고등 수학은 학습량이 매우 많으므로 자신에게 부족한 내용을 찾아 빠르게 공부해 나가는 것이 중요하다는 점을 설명해주었다. 중간고사를 준비하는 2주 동안은 교과서와 기출문제, 그리고 그동안 발상력 연습을 하며 풀었던 문제들 중 오답 문제만 다시 꼼꼼히 풀어보도록 지도했다. 이렇게 체계적으로 학습을 진행한 결과, A학생은 중간고사에서 백분위 점수 70%대로 향상되었다. 또한 11월에 있었던 모의고사에서도 수학 점수가 5등급에서 4등급으로 조금 향상되었다. A학생은 고2, 고3으로 올라가면서도 자신에게 취약한 영역을 5~6개월 단위로 점검하고, 결과에 따라 학습 진도 및 방법에 조금씩 변화를 주며 완전 학습을 하기 위해 노력했다. 그 결과 입시 전략 과목을 수학으로 결정할 만큼 놀라운 성장을 이루었다.

7 응용력이 취약했던 고2 K학생

K학생은 평소 수학을 좋아했을 뿐 아니라 열심히 공부했기에 내신 시험에서는 90점대를 유지하고 있었다. 문제는 모의고사였다. 소위 '길이가 긴 문제'에 취약했던 것이다. K학생은 이런 문제를 만나면 공부하지 않은 곳에서 문제가 출제된다고 느꼈다. 문장도 길고, 생각지도 못한 분야에서 수학의 원리를 찾아내 해석해야 하니 낯설게 보인 것이다. 실제 오답 문제들을 보니, 문제 길이만 반 페이지 가까이 되는 4점짜리 문제가 많았다. 그런데 응용력만 있으면 3~5줄 정도의 풀이만으로 충분히 해결할 수 있는 문제들이었다.

K학생에게 모의고사에서 틀린 문제들을 모두 모아 해설을 읽어보고, 그에 따라 풀어보도록 했다. 그리고 그것들의 공통점을 찾아보라고 했다. 정말 관련 배경지식이 있어야 풀 수 있는 것인지, 풀이 과정에서 K학생이 모르는 개념을 사용하고 있는지 확인하게 한 것이다. K학생은 그동안 각 시험에서 오답이 두세 개 정도 발생했을 때는 잘 몰랐다가, 오답을 모두 모아 비교해보니 다음과 같은 공통점을 찾을 수 있었다.

- 풀이 과정에서 모르는 내용은 없다.

- 과학적 사고 과정이 필요한 것은 아니다.

- 자주 틀리는 응용문제 유형은 실생활 문제, 그리고 물리·화학적 개념이 소개된 문제이다.

- 시험에서 이런 응용문제가 나오면 겁을 먹고 끝까지 읽어보지 않는다.

우선 첫 처방으로 수능·모의고사 기출문제집에서 '4점 문제' 유형만 풀어보게 했다. 대신 문제 풀이를 할 때는 노트에 풀면서 긴 문제의 핵심을 찾아 표시하게끔 했고, 문제 풀이에 필요한 관련 개념을 먼저 적어보라고 했다. 이 같은 방법으로 일주일에 모의고사 2회분씩을 풀이하게 했는데, 학생 스스로 이 과정이 제일 힘들었다고 했다. 관련 개념을 찾아낸 다음에야 문제가 이해되는 경우가 많았다. K학생이 5개년 기출문제들 중 4점 문제들만 골라 푸는 데 3개월 반이 걸렸고, 그 후 바로 6월 모의고사를 치렀다. 이때 K학생은 평소 잘 틀리던 문제들 중 기존 시험보다 1개를 더 맞혔다. 방학 동안 '블랙박스 기출실전 3점, 4점 수학'을 꼼꼼히 풀이하고 오답은 꼭 복습하게 했다. 상위권이었기에 급격한 성적 변화는 없었지만, 이후 시험에서도 성적 하락 없이 조금씩 향상되는 모습을 볼 수 있었다.

공부 나이
간이 검사

공부 나이를 측정할 때는 각 과목별로 세분해 검사해야 정확도가 더 높아진다. 앞에서 국어, 영어, 수학의 공부 나이를 어떻게 진단할 수 있는지, 또 진단 결과에 따라 어떤 처방을 내려야 하는지 알아보았다. 하지만 본문에 나와 있는 내용만으로는 아무래도 이병훈교육연구소의 '개별 지도 에듀코치' 시스템에서 검사하는 것만큼 정확한 결과를 얻기 힘들 것이다. 그래서 부록으로 전반적인 '공부 나이'를 측정할 수 있는 검사 도구를 실었다. 이 검사 도구는 에듀코치 홈페이지에서도 제공하고 있는 정식 검사 도구인 만큼 그 결과를 신뢰해도 좋다. 학습일반에 관한 것에서부터 국영수 각 과목에 대한 것까지 총 50개 질문이 제시된다. 4개 선택지 중 하나를 고르면 되며, 선택지에 따른 배점과 공부 나이 계산 방법은 아래와 같다.

선택지에 따른 배점

❶ 매우 아니다 – 4점

❷ 조금 아니다 – 3점

❸ 조금 그렇다 – 2점

❹ 매우 그렇다 – 1점

공부 나이 점수

(❶×문항 수) + (❷×문항 수) + (❸×문항 수) + (❹×문항 수)

공부 나이

공부 나이 점수 ÷ 10

01. 나는 현재의 점수와 상관없이 선행학습은 성적에 도움이 된다고 생각한다.
선행학습
매우 아니다 □   조금 아니다 □   조금 그렇다 □   매우 그렇다 □

02. 공부할 때 제일 먼저 자습서를 편다.
자습서
매우 아니다 □   조금 아니다 □   조금 그렇다 □   매우 그렇다 □

03. 교과서를 펼치면 무엇부터 공부해야 할지 모르겠다.
자습서
매우 아니다 □   조금 아니다 □   조금 그렇다 □   매우 그렇다 □

04. 용어나 개념에 한자어가 나와 이해하기 힘들 때는 일단 넘어간다.
한자어
매우 아니다 □   조금 아니다 □   조금 그렇다 □   매우 그렇다 □

05. 학습 목표가 책의 어디에 적혀 있는지 잘 모른다.
학습목표
매우 아니다 □   조금 아니다 □   조금 그렇다 □   매우 그렇다 □

06. 공부할 때 단원의 학습 목표를 생각하지는 않는다.
학습목표
매우 아니다 □   조금 아니다 □   조금 그렇다 □   매우 그렇다 □

07. 내가 중요하다고 생각한 부분이 시험에 나오지 않을 때가 많다.
시험공부
매우 아니다 □   조금 아니다 □   조금 그렇다 □   매우 그렇다 □

08. 시험 직전에 무엇을 공부해야 할지 모르겠다.
시험공부
매우 아니다 □   조금 아니다 □   조금 그렇다 □   매우 그렇다 □

09. 시험공부를 할 때 친구의 노트를 자주 빌리는 편이다.
노트필기
매우 아니다 □   조금 아니다 □   조금 그렇다 □   매우 그렇다 □

10. 모르는 내용이 나오면 스스로 고민하기보다 주변의 친구나 선생님에게 바로 물어
본다.
질문학습
매우 아니다 □   조금 아니다 □   조금 그렇다 □   매우 그렇다 □

11. 내가 설명을 해주면 친구들이 잘 이해되지 않는다고 얘기하는 편이다.
질문학습
매우 아니다 ☐   조금 아니다 ☐   조금 그렇다 ☐   매우 그렇다 ☐

12. 공부한 다음 내가 무엇을 공부했는지 정리하기보다는 다른 내용이나 과목을 공부
한다.
메타인지
매우 아니다 ☐   조금 아니다 ☐   조금 그렇다 ☐   매우 그렇다 ☐

13. 자고 일어나면 전날 무엇을 공부했는지 생각나지 않을 때가 많다.
메타인지
매우 아니다 ☐   조금 아니다 ☐   조금 그렇다 ☐   매우 그렇다 ☐

14. 시험을 치르기 전에 예상했던 점수와 실제 시험점수가 다를 때가 많다.
메타인지
매우 아니다 ☐   조금 아니다 ☐   조금 그렇다 ☐   매우 그렇다 ☐

15. 내가 아는 것만큼 시험 성적이 나오지 않는다고 생각한다.
메타인지
매우 아니다 ☐   조금 아니다 ☐   조금 그렇다 ☐   매우 그렇다 ☐

16. 계획한 대로 공부한 적이 별로 없다.
학습습관
매우 아니다 ☐   조금 아니다 ☐   조금 그렇다 ☐   매우 그렇다 ☐

17. 학교 선생님보다는 학원 선생님이 훨씬 도움된다.
학원의존도
매우 아니다 ☐   조금 아니다 ☐   조금 그렇다 ☐   매우 그렇다 ☐

18. 학원에 다니는 이유는 요약집이나 예상문제를 많이 제공하기 때문이다.
자기주도학습
매우 아니다 ☐   조금 아니다 ☐   조금 그렇다 ☐   매우 그렇다 ☐

19. 참고서나 문제집을 고를 때 직접 서점에 가서 읽어보고 고르는 편이다.
자기주도학습
매우 아니다 ☐   조금 아니다 ☐   조금 그렇다 ☐   매우 그렇다 ☐

20. 설명이 많은 참고서보다는 요약이 잘 되어 있는 문제집 위주로 공부하는 편이다.
학습습관
매우 아니다 ☐   조금 아니다 ☐   조금 그렇다 ☐   매우 그렇다 ☐

21. 심화 문제집보다는 난이도가 비슷한 여러 유형의 문제를 많이 풀어보는 것이 성적에 도움이 된다.
심화문제
매우 아니다 □   조금 아니다 □   조금 그렇다 □   매우 그렇다 □

22. 문제집을 2번 이상 풀어보는 것은 시간 낭비이다.
학습습관
매우 아니다 □   조금 아니다 □   조금 그렇다 □   매우 그렇다 □

23. 시험에서 틀린 문제들은 대부분 실수 때문이다.
시험분석
매우 아니다 □   조금 아니다 □   조금 그렇다 □   매우 그렇다 □

24. 난 어떤 과목을 공부하다가 그와 관련된 다른 과목이나 단원의 내용이 떠오른 적이 없다.
배경지식
매우 아니다 □   조금 아니다 □   조금 그렇다 □   매우 그렇다 □

25. 공부하기에도 시간이 없어 교과서 이외의 책은 읽지 않는다.
배경지식
매우 아니다 □   조금 아니다 □   조금 그렇다 □   매우 그렇다 □

26. 교과서 외에서 출제되는 문제는 거의 답하지 못한다.
문제해결
매우 아니다 □   조금 아니다 □   조금 그렇다 □   매우 그렇다 □

27. 내 의견을 서술하는 문제에 답하기가 힘들다.
추론력
매우 아니다 □   조금 아니다 □   조금 그렇다 □   매우 그렇다 □

28. 같이 영화를 보거나 책을 읽어도 친구들보다 내용 이해가 늦는 편이다.
분석력, 감상력
매우 아니다 □   조금 아니다 □   조금 그렇다 □   매우 그렇다 □

29. 지문을 읽고 문제를 보고 난 후 다시 지문을 읽어야 할 때가 많다.
독해력
매우 아니다 □   조금 아니다 □   조금 그렇다 □   매우 그렇다 □

30. 남들보다 글을 느리게 읽는다는 이야기를 많이 듣는다.
독해력
매우 아니다 ☐　　　조금 아니다 ☐　　　조금 그렇다 ☐　　　매우 그렇다 ☐

31. 내가 글을 읽고 생각했던 주제와 참고서에서 제시한 주제가 다를 때가 많다.
분석력
매우 아니다 ☐　　　조금 아니다 ☐　　　조금 그렇다 ☐　　　매우 그렇다 ☐

32. 나는 시를 읽을 때 아무런 감흥이 없다.
감상력
매우 아니다 ☐　　　조금 아니다 ☐　　　조금 그렇다 ☐　　　매우 그렇다 ☐

33. 글을 중간 정도까지 읽고 짐작한 결론과 실제 글의 흐름 및 결론이 달라 당황할 때가 있다.
분석력, 추론력
매우 아니다 ☐　　　조금 아니다 ☐　　　조금 그렇다 ☐　　　매우 그렇다 ☐

34. 국어에서 본문을 읽기 전에 자습서 요약을 읽지 않으면 이해되지 않을 때가 많다.
분석력
매우 아니다 ☐　　　조금 아니다 ☐　　　조금 그렇다 ☐　　　매우 그렇다 ☐

35. 내신 시험에서 시간이 부족해 문제를 풀지 못할 때가 많다.
발상, 과정전개
매우 아니다 ☐　　　조금 아니다 ☐　　　조금 그렇다 ☐　　　매우 그렇다 ☐

36. 문제 하나를 여러 방법으로 풀어보려고 시도하는 것은 시간 낭비이다.
과정전개
매우 아니다 ☐　　　조금 아니다 ☐　　　조금 그렇다 ☐　　　매우 그렇다 ☐

37. 수학 문제가 길게 나오면 풀려는 시도조차 하지 않을 때가 많다.
응용력
매우 아니다 ☐　　　조금 아니다 ☐　　　조금 그렇다 ☐　　　매우 그렇다 ☐

38. 문제를 보고 식은 세웠는데 그다음을 어떻게 풀어 나가야 할지 막막할 때가 많다.
과정전개
매우 아니다 ☐　　　조금 아니다 ☐　　　조금 그렇다 ☐　　　매우 그렇다 ☐

39. 나는 답이 맞으면 해답지의 풀이를 읽어보지 않는다.
과정전개
매우 아니다 ☐　　　조금 아니다 ☐　　　조금 그렇다 ☐　　　매우 그렇다 ☐

40. 난 풀이 과정은 맞는데 엉뚱한 계산 실수를 할 때가 많다.
연산력
매우 아니다 □   조금 아니다 □   조금 그렇다 □   매우 그렇다 □

41. 틀린 문제에 대한 해답지를 보면 내가 생각한 방향과 완전히 다르게 풀이되어 있어 놀랄 때가 많다.
발상력
매우 아니다 □   조금 아니다 □   조금 그렇다 □   매우 그렇다 □

42. 소단원 평가문제를 푸는 건 어렵지 않지만 대단원 평가문제는 너무 어렵다.
발상력
매우 아니다 □   조금 아니다 □   조금 그렇다 □   매우 그렇다 □

43. 단어는 쉬운데 정확하게 해석이 안 될 때가 많다.
구문력
매우 아니다 □   조금 아니다 □   조금 그렇다 □   매우 그렇다 □

44. 해석은 했지만 전체 지문의 요지를 제대로 파악하지 못할 때가 많다.
문맥력
매우 아니다 □   조금 아니다 □   조금 그렇다 □   매우 그렇다 □

45. 나는 국어 문제보다 영어 문제 푸는 것이 더 쉽다.
문맥력
매우 아니다 □   조금 아니다 □   조금 그렇다 □   매우 그렇다 □

46. 한 문장에 2개 이상의 모르는 단어가 나와 해석을 못할 때가 많다.
어휘력
매우 아니다 □   조금 아니다 □   조금 그렇다 □   매우 그렇다 □

47. 어근 분석은 시간 낭비이다.
단어력
매우 아니다 □   조금 아니다 □   조금 그렇다 □   매우 그렇다 □

48. 문법 공부를 하는 이유는 문법 문제를 풀기 위해서이다.
구문력
매우 아니다 □   조금 아니다 □   조금 그렇다 □   매우 그렇다 □

49. 독해 지문에서 긴 문장은 해석하기가 어렵다.
구문력
매우 아니다 □   조금 아니다 □   조금 그렇다 □   매우 그렇다 □

50. 문법을 공부한다고 하는데도 문법 문제는 자주 틀린다.
문법문제
매우 아니다 □   조금 아니다 □   조금 그렇다 □   매우 그렇다 □

	개수	점수
매우 아니다		
조금 아니다		
조금 그렇다		
매우 그렇다		

공부 나이 점수

공부 나이

이병훈
교육연구소와
SETI 소개

이병훈교육연구소는 국내 최초로 학습 매니지먼트를 통해 자기주도학습을 이끌어 온 에듀플렉스의 경험과 노하우를 바탕으로 탄생했다. 10년간 약 4만 명의 학생들을 관리한 데이터를 기반으로 하는 과학적인 진단 검사를 사용하며, 강의 경력과 상담 실력을 겸비한 최강 강사진, 그리고 최고의 학습전문가 이병훈 소장이 보증하는 진로-진학-학습 프로그램을 갖추고 있다. 이병훈교육연구소의 프로그램과 함께하는 학생들은 꿈과 끼를 키워 현명하게 진로를 설정할 수 있고, 자신이 원하는 대학과 학과에 진학하기 위한 똑똑한 전략을 수립할 수 있으며, 스스로 그 목표를 달성할 수 있는 구체적 학습법을 터득할 수 있다.

특히 SETI(공부 나이 진단) 프로그램은 학생들의 공부 역량을 과학적으로 검증함으로써 개별 학생에게 꼭 맞는 학습 프로그램을 제공할 수 있게 해준다. SETI 검사는 IBT 시스템을 기반으로 학생의 실제 학습 실력을 측정하는 검사이다. 공부 나이(Study-Age)란, 학생의 신체 발달 나이와 비교하여 교육 과정을 제 학년에 알맞게 학습하고 있는지, 학습한 내용을 제대로 문제 풀이에 적용할 수 있는지를 나이 지표로 산출한 검사이다. 공부 나이는 진도 나이와 실력 나이로 구분해 측정한다. 국·영·수 과목별 진단을 통해서 실제 학생의 정확한 학습 실력을 측정할 수 있도록 구성하였으며, 그 결과에 따라 실제적인 공부법을 처방해준다.

SETI 검사는 왜 해야 할까? 에듀코치의 SETI(Study Age Evaluation Test for Individual tutoring) 검사는 학생마다 진도와 역량, 공부 습관 등이 다르므로 공부도 다르게 해야 한다는 생각으로 개발한 공부 나이 진단 검사이다. 공부 나이 진단을 통해 학생들은 자신의 학년에 반드시 갖추어야

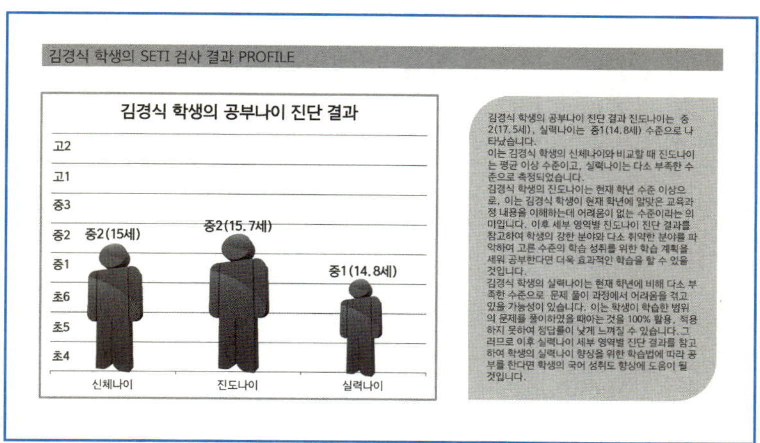

하는 지식과 역량 중 어떤 부분이 앞서고 어떤 부분이 부족한지 정확히 알 수 있다.

SETI 검사는 '학생들이 문제를 풀지 못하는 이유는 무엇일까?'라는 질문을 통해 탄생했다. 학생들이 문제를 풀지 못하는 이유를 정확히 알아야 학생마다 정확한 처방과 지도가 가능하다. 학생들마다 지금 가장 필요한 공부와 시급히 키워야 하는 역량은 다르다. 따라서 개별 학생에 따라 각기 다른 커리큘럼과 학습법을 적용해야 가장 효과적으로 성적을 향상시킬 수 있다.

학생들이 문제를 풀지 못하는 이유는 크게 '알지 못해서'와 '아는 것을 적용하지 못해서'로 나뉜다. 즉, 지식에 대한 학습이 부족하거나 지식을 문제에 적용할 수 있는 능력이 부족하기 때문에 틀리는 것이다. SETI 검사는 '진도 나이'를 통해 과목별, 영역별로 어떤 지식이 얼마나 부족한지

를, '실력 나이'를 통해 지식을 활용하여 문제를 푸는 능력을 세분화하여
정확히 분석해준다.

이병훈교육연구소에서는 SETI와 공부 나이 분석 결과로 CHAMP 학습
법에 기반하여 학생에 맞는 학습법을 제시해준다. CHAMP 학습법은 학
생들의 일반적인 학습 흐름을 순서대로 설명한 개념으로 '이해하기
(Comprehend)-사고하기(Think)-정리하기(Arrange)-암기하기
(Memorize)-문제 해결하기(Problem solving)'로 공부의 흐름을 말한다.

CHAMP 학습법에 따라 공부하면 지식을 효과적으로 습득하고 활용할
수 있다. SETI 검사는 '이해-사고-정리-암기'를 통한 지식 습득 과정과
'문제해결' 과정을 더욱 자세하게 분석하여 학생들에게 맞춤 커리큘럼과
학습법을 개별적으로 제공한다. 다시 강조하지만 SETI 검사를 통해 '공
부 나이'를 알면 지금 내가 무엇을 어떻게 공부해야 할지 분명히 알 수
있다.

이병훈교육연구소

문의: 02-850-2515, 010-4052-7016

이메일: byunghoon_lee@eduplex.net

에듀코치 소개

에듀코치는 일본 개별 지도 No.1 교육기업인 메이코 네트워크 재팬의 개별 지도 컨텐츠와 노하우를 바탕으로 2007년 한국에서 시작되었다.

에듀코치에 처음 등원하는 학생들은 공부 나이 진단 검사(SETI)를 받는다. 공부 나이 검사란 학생마다 진도와 역량, 공부 습관 등이 다르기 때문에 각 학생마다의 지도 역시 다르게 해야 한다는 생각으로 이병훈교육연구소와 함께 개발한 진단 프로그램이다.

공부 나이 검사 분석 결과를 통해 학생 개개인별 부족한 부분과 전략 부분을 확인, 부족한 부분은 채우고 전략 부분은 더욱 강화하는 개별 처방이 이루어진다. 개별 처방에는 1년간의 연간 학습 플랜과 더불어 어떤 교재를 어떻게 공부해야 하는지 학생 개개인별 학습 전략이 제시된다. 마지막으로 개별 진단과 개별 처방으로 학생 개개인별 1:1 맞춤 개별 지도가 진행된다.

개별 지도의 수업방식은 특별하다. 튜터들은 강의가 아닌 학생 스스로 개념을 익히고 문제를 해결할 수 있도록 끊임없이 질문을 던진다. 학생은 질문에 답하는 과정에서 스스로 생각하며 제대로 공부할 수 있게 된다. 이는 일반 학원, 과외 수업에서 대부분 듣기만 하는 학생들이 개별 지도 수업에는 적극적으로 수업에 개입함에 따라 수업 시간에 관련 개념을 완전히 본인의 것으로 만들 수 있다는 것이다.(강의식 수업과 개별 지도 수업의 효과에 대한 비교 분석 결과, 개별 지도의 수업이 일반 강의식 수업보다 약 5배 효과 높음이 입증된 바 있다.)

또한 개별 지도 수업 중 학생들의 학습 태도와 이해도 수준, 진도 등은 학습기록표에 바로 기록이 되는데 이를 통해 튜터와 교실장은 학생의 취

약 부분과 잘못된 학습 습관이 얼마나 개선되었는지 체크하고 지속적으로 향상될 수 있도록 지도한다.

즉, 에듀코치에서 학생들은 자신에게 맞는 교재와 진도 및 학습법으로 개별 지도를 받게 되며 이에 따라 실력 향상뿐 아니라 자기에게 맞는 효과적인 공부 방법도 터득하게 된다.

현재 전국에 있는 에듀코치 지점에 방문하면 공부 나이 검사를 통해 나에게 맞는 진도와 교재 학습 방법을 처방받을 수 있다.

에듀코치

홈페이지: www.educoach.co.kr   문의: 1577-4209

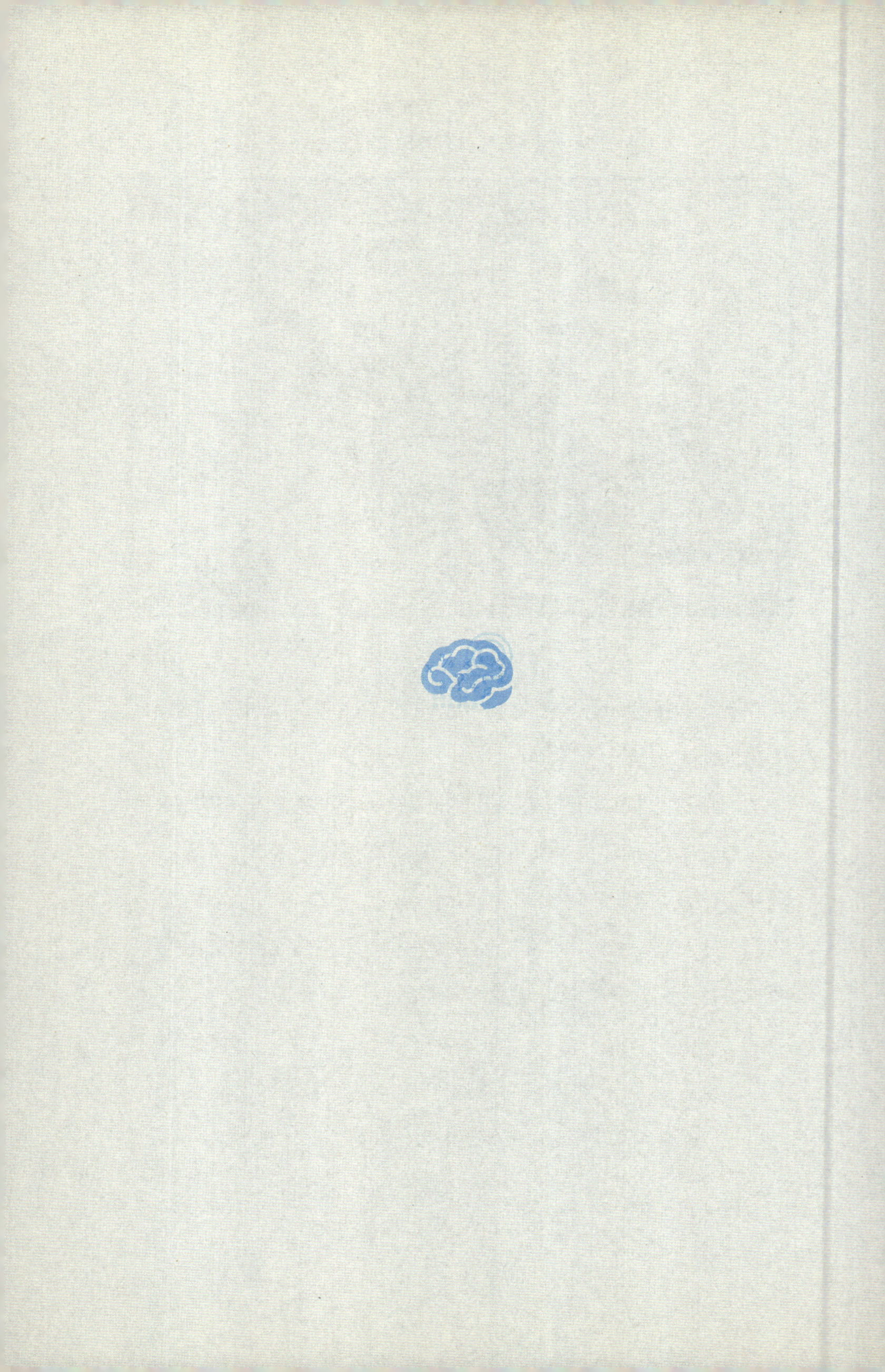